法學叢書

程序法之研究（三）

陳計男　著

三民書局

國家圖書館出版品預行編目資料

程序法之研究.三／陳計男著－－初版一刷.－－臺
北市；三民，民90
　　面；　公分

ISBN 957-14-3403-5(平裝)

1.訴訟法－中國－論文，講詞等

586.07　　　　　　　　　　　　　　　90001313

網路書店位址　http://www.sanmin.com.tw

© 程序法之研究(三)

著作人　陳計男
發行人　劉振強
著作財
產權人　三民書局股份有限公司
　　　　臺北市復興北路三八六號
發行所　三民書局股份有限公司
　　　　地址／臺北市復興北路三八六號
　　　　電話／二五〇〇六六〇〇
　　　　郵撥／〇〇〇九九九八——五號
印刷所　三民書局股份有限公司
門市部　復北店／臺北市復興北路三八六號
　　　　重南店／臺北市重慶南路一段六十一號
初版一刷　中華民國九十年二月
編　號　S 58492
基本定價　玖　元
行政院新聞局登記證局版臺業字第〇二〇〇號

ISBN　957-14-3403-5　（平裝）

自　序

　　八十四年四月拙著《程序法之研究㈡》出版後，匆匆又過五年，其間因民事訴訟法二度修正，行政訴訟法作重大修正，相繼修訂拙著《民事訴訟法論》，並出版拙著《行政訴訟釋論》，較少時間發表相關程序法論文。最近累積已達十三篇，遂編為《程序法之研究㈢》，承三民書局劉振強先生應允出版，在此申謝。本年五月二十日適內人還曆佳日，並藉表祝福之意。

陳計男 識於司法院

八十九年五月二十日

程序法之研究（三）

目　次

自　序

論訴訟上之抵銷

要　目

二、關於重複起訴禁止問題

〔伍〕結　語

（本文原載於《法令月刊》，第四十六卷第七期）

論訴訟上之抵銷

〔壹〕前　言

民法第三百三十四條以下有關於抵銷之規定。其抵銷權之行使，只須以意思表示向他方為之即可（民法第三百三十五條第一項）。則民事訴訟法第四百條第二項所定之抵銷（即訴訟上之抵銷）與民法上之抵銷是否相同？自有加以探討之必要，因限於篇幅，僅提出數點討論，並就教於法界先進。

〔貳〕訴訟上抵銷之法性質

抵銷為民法債之消滅原因之一，且依民法第三百三十五條第一項規定：抵銷，應以意思表示，向他方為之。其相互間債之關係，溯及最初得為抵銷時，按照抵銷額而消滅。是民法上抵銷權之行使，並不限於訴訟外行使，其在訴訟上行使，亦非法之所禁。惟依民事訴訟法第四百條第二項規定：主張抵銷之對待請求，其成立與否經裁判者，以主張抵銷之額為限，不得更行主張。則若當事人於訴訟上主張之抵銷，未經法院裁判時，其抵銷是否仍發生民法上抵銷之效果？此即涉及訴訟上抵銷之法性質問題。關此，學說上約有下列數說：

一、私法行為說

此說學者認為訴訟上抵銷權之行使，外觀上雖僅有一個行為，從法的觀點言，實含有二個行為，亦即向對造為民法上抵銷之意思表示與向

法院為此項民法上抵銷意思表示之陳述。其要件與效果，各依民法或訴訟法上之規定判斷之。從而，訴訟上抵銷之抗辯與訴訟外抵銷之抗辯，性質上並無不同。日本學者，兼子一、小山昇教授採之(註一)。

二、訴訟行為說

此說認為訴訟上抵銷權之行使，純粹係一種訴訟行為，其要件與效果，悉依訴訟法之規定判斷之。依此說，抵銷之民法上效果，並非依當事人之意思表示所發生，而係抵銷之抗辯為法院所是認而予判決所致，故若法院未予判斷，即不生抵銷之效果。換言之，容認抵銷抗辯之給付判決或確認判決，含有形成判決二性格。日本學者三ケ月章、齋藤秀夫等教授採之(註二)。

三、折衷說

此說謂訴訟上抵銷權之行使，併存有訴訟行為之性質及要素與私法行為之性質及要素。故如抵銷之抗辯因不合法而被摒棄時，亦不生民法上之效果，此點與訴訟行為說同，但抵銷之效果本身係因當事人之意思表示而發生之見解，則與訴訟行為說不同。日本菊井維大教授採之(註三)。

四、新併存說

此說認為訴訟上抵銷權之行使，與抵銷權在訴訟外行使相同，係由向相對人（他方）為意思表示與向法院就該效果之陳述二個行為所構成，就前者依民法，後者依訴訟法所定要件與效果予以判斷之觀點言，與私

註一　參照兼子一著，《民事訴訟法體系》，酒井，一九六一年，第二一一至二一二頁。小山昇著，《民事訴訟法》，青林，一九七七，第三七六頁。

註二　三ケ月章著，《民事訴訟法》，有斐閣，昭和三十四年，第二八〇頁。齋藤秀夫等編著，《註解民事訴訟法(3)》第二版，第一法規，平成三年，第三三二頁。

註三　菊井維大著，《民事訴訟法（上）》，青林，昭和三十五年，第二三七頁以下。菊井維大、村松俊夫著，《民事訴訟法Ⅰ》，日本評論新社，昭和三十二年，第六五五頁。

法行為說相同，但於訴訟上之抵銷為不適法而遭摒棄不採時，則抵銷之民法上效果亦不存在，則為此說與私法行為所不同。為說明訴訟上抵銷之主張不合法被摒棄不採時，何以民法上之抵銷效果亦不存在，學者有不同之見解：

㈠條件說

此說認為當事人於訴訟上行使抵銷權時，通常係以其抵銷之抗辯可受法院之判斷，並使其發生抵銷效果之意思為條件，故如抵銷之抗辯因不合法而遭摒棄時，應認不生抵銷之效果(註四)。此說以為抵銷之意思表示附此條件，於訴訟程序無礙，於相對人亦無受不公平之顧慮，勿寧謂與抵銷制度相吻合。

㈡撤回說

此說認為訴訟上請求之債權與主張抵銷之主動債權，原為依各別生活事實發生之相互獨立之債權，各債權之實現可能性應受法律之保障，抵銷之抗辯如於裁判上不受判斷時，抵銷之意思表示應認當然撤回(註五)。此說以為抵銷制度係建立在對訴訟上請求債權有防禦之機能且對主張抵銷之債權有實現機能之基本認識之上。故抵銷之抗辯因不適法而遭摒棄時，訴訟上請求之債權既不因而消滅，倘認主張抵銷之債權仍因抵銷而消滅，殊屬違反公平理念，亦與抵銷制度之旨趣不合。

㈢無效說

此說認為抵銷之抗辯不適法被摒棄時，如解為仍留存私法上之效果時，顯違反當事人之意思，就結論言亦不合理，故應類推適用德國民法

註四　採此說者，例如山木戶克己，《民事訴訟法の基礎的研究》，有斐閣，昭和六十三年第五十五頁。新堂幸司，《民事訴訟法》，筑摩書房，昭和五十六年第二版，第三〇四頁以下。富樫貞夫，〈訴訟における形成權の行使〉，林屋禮二、小島武司編著，《民事訴訟法ゼミナール》，第三八三頁。

註五　採此說者，例如河野正憲，《當事者行為の法的構造》，弘文堂，昭和六十三年，第六十八頁以下。

第一百三十九條（相當於我國民法第一百十一條）規定，於抵銷抗辯之
訴訟行為無效時，其民法上抵銷之意思表示亦歸於無效(註六)。

　　關於訴訟上抵銷權行使之法性質，學說上相當分上歧，有如上述。
就私法行為說言，其將抵銷抗辯之訴訟法上效力與民法上效力為二元論
之判斷，其結果，當抵銷之意思表示到達於他方時，民法上之效果即已
發生，縱訴訟上該抗辯行為不適法而遭摒棄，亦不受影響，此時若原告
勝訴時，該主動債權因已抵銷而消滅（民法上效果），被告縱再以主動債
權為訴訟上請求，亦將因債權消滅而受不利之判決。此說之不合理，無
待贅言。再就訴訟行為說言，此說為解決私法行為說不當之結果，強調
訴訟上抵銷抗辯之防禦機能，認訴訟上抵銷之抗辯與民法上之抵銷係不
同之制度，抵銷之要件與效果應分別由民法與訴訟法予以判斷。則訴訟
上抵銷之抗辯，其效果非源於民法上效果，而訴訟法上對此亦未另設規
定，解釋上不無疑問。故多數學者希望由新併存說予以說明。新併存說
將訴訟上抵銷權之行使分析為訴訟上之抗辯行為與私法上抵銷之意思表
示之併行行為，而兩行為間，有互動關係，在條件說認私法上之抵銷係
以訴訟上抗辯行為受法院斟酌為條件，惟依民法第三百三十五條第二項
規定，抵銷之意思表示附有條件或期限者無效，則訴訟上抵銷權之行使
可否附條件，亦屬疑問。就撤回說言，該說認為如訴訟上之抗辯行為不
能為法院斟酌時，則私法上之抵銷意思表示視為撤回。惟當事人之抵銷
意思表示於到達他方時，即已生效，能否因其抗辯行為未經法院斟酌而
得撤回？不無疑問(註七)。再就無效說言，將私法上行為效力與訴訟上行
為效力合而為一，再依一部無效行為之理論，以解決抵銷之抗辯行為不
經法院斟酌時之效果，其將不同性質之行為混而為一，是否妥當，亦值

註六　採此說者，例如石川明，《訴訟行為の研究》，酒井，一九七四，第一二七頁。

　　　Rosenberg/Schwab: Zivilprozessrecht 1981, s. 610.

註七　孫森焱著，《民法債編總論》，六十八年九月，第八三六頁認為於裁判上主張
　　　抵銷者，因兼具私法行為之性質，自不得以訴訟行為撤回之。

考慮。吾人以為當事人於與訴訟上為抵銷之抗辯行為係訴訟上之行為，與當事人在訴訟外為抵銷意思表示之私法行為不同，當事人在訴訟上為抵銷之抗辯時，含有一方面以之作為防禦方法，用以妨礙原告之請求，另一方面有以意思表示，實現其主動債權並用以消滅對原告債務之雙重意義。訴訟上之抵銷抗辯經法院判斷為正當時，發生抵銷之作用而使原告之債權消滅，抵銷抗辯如未經法院判斷，則不生私法上抵銷效果，並非對抵銷之意思表示附以真正的條件，此種以經法院之判斷始生抵銷效果之抵銷，應屬學說上所謂未必的抵銷(Eventualaufrechnung)，係有效之行為(註八)。為解決訴訟上抵銷行為之法性質，於訴訟法上就其要件及法效果予以明文規定，似有必要。在現行法之解釋上，依上討論，訴訟上抵銷之抗辯宜解為當事人於訴訟上為未必的抵銷意思表示，並將其作為防禦方法陳述於法院之訴訟行為(註九)。

〔參〕訴訟上抵銷權之行使與訴訟外抵銷權之行使若干問題之檢討

　　訴訟上抵銷之性質與民法上抵銷性質上不同有如上述，則當事人就同一反對債權在訴訟行使與在訴訟外行使，其效果自亦不盡相同。

一、抵銷意思表示之方法

　　在訴訟外為抵銷之意思表示時，須向他方為之（民法第三百三十五條第一項），並於意思表示到達他造或他造了解時（民法第九十四條、第九十五條第一項），溯及最初得為抵銷時，發生抵銷效果，而訴訟上之抵

註八　參照神戶大學外國大學研究會編，《獨逸民法 II》債務法，有斐閣，昭和三
　　　十年，第二六三頁。史尚寬著，《債法總論》，六十一年，第八一七頁以下。
註九　拙著，《民事訴訟法初版（下）》，第七十一頁，原採併存說，認係兼具有私
　　　法行為及訴訟行為兩性質。修訂新版（下）已修正（第七六頁）。

銷係訴訟行為，故當事人(註一〇)應向法院為之，由當事人本人或訴訟代理人代為受領其意思表示，並於法院認其抗辯為正當時，發生抵銷之效力。

二、主張抵銷之時期

　　訴訟外抵銷權之行使得隨時為之。換言之，抵銷權人得於他方當事人起訴前為之，亦得於訴訟中在訴訟程序外為之，甚至訴訟終結後，亦得為之(註一一)。抵銷權人就主動債權提起訴訟後，在訴訟繫屬中，於他造提起訴訟時，亦得於該訴訟中就主動債權為抵銷之主張(註一二)。而訴訟上抵銷權之行使，須於訴訟中向法院為之。須注意者，依民事訴訟法第一百九十六條第二項規定當事人意圖延滯訴訟，或因重大過失，逾時始行提出攻擊或防禦方法，法院得駁回之。又同法第二百七十六條規定，未記載於準備程序之事項，於準備程序後，行言詞辯論時，不得主張之。於此情形，若被告提出之抵銷抗辯為法院駁回不予付諸辯論時，如當事人於該事件言詞辯論終結前，復於訴訟外為抵銷之主張，倘該事實仍不得於辯論時作為防禦方法，法院判決原告勝訴確定時，該訴訟外之抵銷，仍生抵銷之效果，此時該訴訟外抵銷消滅債權之事實，因判決確定產生遮斷效。若債權人（原告）執該確定判決對被告聲請強制執行時，債務人（被告）無從依強制執行法第十四條規定，提起債務人異議之訴以謀救濟(註一三)，只得依再審之訴救濟。學者有主張此時尚得以不當得利請

註一〇　抵銷之抗辯可否由無特別代理權之訴訟代理人為之？有採肯定說者，例如姚瑞光著，《民事訴訟法論》，八十年，第一五六頁。石志泉著，楊建華增訂，《民事訴訟法釋義》，七十一年，第九十三頁等。惟抵銷係處分當事人另一債權之行為，與認諾對造之請求無異，應有特別代理權始得為之（參照拙著，《民事訴訟法論修訂新版（上）》，第一二三頁）。

註一一　參照最高法院二十九年上字第一一一二三號判例。

註一二　參照最高法院二十二年上字第六二七號判例。

註一三　參照最高法院六十六年臺上字第二四八八號、六十六年臺上字第三二八

求返還者(註一四)。從債權人由抵銷獲債權之清償後，又從確定判決之強制執行獲同一債權之第二次受清償言，債權人在事實上有一債二討之情形，惟債權人之第二次受償係因強制執行而受償，能否謂係不當得利而得請求返還，不無疑問(註一五)。

　　債務人（被告）於起訴前（或訴訟外）向債權人（原告）主張抵銷後，於訴訟言詞辯論時為抵銷之陳述，並非抵銷之抗辯，蓋訴訟中之被動債權於被告在起訴前（或訴訟外）向原告為抵銷之意思表示時，已生抵銷之效果，在抵銷額範圍內，原告之債權因而消滅，故被告之此項陳述，應屬債務消滅之主張，而非抵銷之抗辯。法院審理結果，不論以其主張為正當而為原告敗訴之判決，或以其主張為不正當而仍為被告敗訴之判決，法院就被告所主張抵銷之主動債權，均不生民事訴訟法第四百條第二項既判力之問題(註一六)。

三、預備的抵銷主張

　　訴訟上之抵銷，實含有被告認諾原告之請求，並以他債權清償原告債務之意義，故在訴訟實務上，抵銷之抗辯常作為預備的、最後的抗辯，必待被告之其他抗辯不成立時，最後始為抵銷之抗辯。本來訴訟行為原則上係不得附條件的，惟預備的抵銷主張，一般均肯定其為例外(註一七)。此時，若被告抵銷以外之其他抗辯成立而為原告敗訴判決時，預備的抵

　　　　一號判例。

註一四　參照河野著，前揭書，第四十三頁。Habscheid教授主張此時債務人有不當得利返還請求權(condictio ob rem)，蓋此時抵銷之訴訟上抗辯尚不生實體法上抵銷之效果。

註一五　參照最高法院六十九年臺上字第一一四二號判例。

註一六　此時應否生爭點效則屬另一問題。

註一七　參照山木戶著，前揭書，第五十六頁。小山昇、中野貞一郎、松浦馨、竹下守夫編，《演習民事訴訟法》，青林，昭和六十二年，第三二一頁。石川著，前揭書，第七十七頁以下。

銷主張因未為訴訟判斷，不生抵銷之效力，固無問題，惟若法院就抵銷之抗辯於判決中予以判斷時，倘(1)認抵銷之抗辯為有理由，而為原告敗訴之判決時，被告對此判決可否提起上訴？實務上採形式的不服說(formelle Beschwerde)為原則(註一八)，原告敗訴之判決既屬有利於被告，被告自不得對之不服提起上訴。惟於此情形，被告實際上係以另一（主動）債權，清償原告之請求，實質上仍屬被告敗訴之情形，宜解為應依實體不服說(matterielle Beschwerde)，認被告得對之不服提起上訴。第二審法院審理結果，如認被告所主張抵銷以外之其他防禦方法亦為有理由時，應依其他防禦方法有理由為理由，以結果並無不合維持第一審判決（民事訴訟法第四百四十九條第二項），不宜仍維持第一審判決之理由判決駁回上訴，否則即不合被告作為預備抵銷抗辯之本意。(2)認抵銷之抗辯為無理由，而為被告敗訴之判決時，被告自得對之提起上訴。第二審法院審理之結果，如認上訴人（被告）抵銷之抗辯及其他上訴理由均為有理由，應以其他上訴理由有理由為基礎，廢棄第一審判決，不宜以抵銷之抗辯有理由為由，廢棄第一審判決，以免被告（上訴人）之利益受損害。

四、被告為訴訟上抵銷之抗辯後，原告訴之撤回

被告於訴訟中為抵銷之抗辯後，原告為訴之撤回時，如事件繫屬於第一審時，訴訟因訴之撤回而終結，被告之抵銷行為，因係訴訟行為(註一九)，亦因訴訟之終結而不生抵銷之效果。又如事件曾經法院之終

註一八　參照最高法院二十二年上字第三五七九號判例。拙著，《民事訴訟法修訂新版（下）》，第二五六頁以下。

註一九　在採私法行為說者，此時仍發生私法上抵銷之效果。又依最高法院六十二年臺上字第二二七九號及七十一年臺上字第一七八八號判例，認起訴之中斷請求權消滅時效，雖其後訴之撤回而不中斷，仍認有因請求而中斷時效效果之意旨，可否視為因抵銷，意思表示到達他方而有民法上抵銷之效果，尚無判例可循，有待觀察。

局判決，並就抵銷之對待請求，其成立與否為判斷後，在上訴審法院原告為訴之撤回時，下級審法院之判決既因當事人之上訴而阻其確定（民事訴訟法第三百九十八條第一項），復因原告訴之撤回而訴訟終結，被告主張抵銷之對待請求，其成立與否之下級審法院裁判，仍無既判力可言，應解為無民事訴訟法第四百條第二項之適用。

五、被告為訴訟上抵銷之抗辯後，兩造為訴訟上之和解

被告在訴訟上為抵銷之抗辯後，嗣兩造在訴訟上成立和解時，如和解之內容涉及抵銷之主動債權，該主動債權即因和解而消滅（民法第七百三十七條），固無疑問。如和解內容明白表示不涉及主動債權，不生抵銷問題亦無疑問，惟如和解是否涉及抵銷之主動債權不明時，不得因民事訴訟法第三百八十條第一項規定，和解成立者，與確定判決有同一之效力，遽謂該主張抵銷之對待請求亦已發生既判力。應循民法第九十八條規定解決。

六、訴訟上抵銷之撤回

在採訴訟上抵銷為私法行為說者，因認訴訟上之抵銷行為本質上仍屬私法行為，故抵銷之意思表示一經到達他造（或他造了解）時，即生抵銷效果，除因錯誤、被詐欺或脅迫等意思表示有瑕疵，依法得為撤銷者外（民法第八十八條、第九十二條），不得撤回。惟吾人認訴訟上之抵銷行為係訴訟行為，在此項抗辯行為尚未受法院之實體判斷前，自得任意撤回之(註二〇)。

註二〇　小山等編，前揭書（演習），第三二一頁。孫森焱著，《民法債編總論》（參見註七）則採反對說。

〔肆〕訴訟上抵銷抗辯判斷之既判力與重複起訴之禁止

一、訴訟上抵銷抗辯判斷之既判力

依民事訴訟法第四百條第二項規定：主張抵銷之對待請求，其成立與否經裁判者，以主張之抵銷額為限，不得更行主張。此即抵銷抗辯之判斷，法律賦予其既判力(註二一)。惟其既判力僅限於法院就抵銷之主動債權成立與否之判斷，且以被告所主張之抵銷額為限。故法院未就抵銷之主動債權為實體之判斷，或超過被告所主張之抵銷額以外之部分，即無既判力可言。須特別討論者，基於紛爭一次解決之理想，關於一部請求之既判力範圍問題，學者已多有批判(註二二)。而民事訴訟法第四百條第二項規定，適足以構成一部請求，且使既判力僅及於一部請求部分。是關於抵銷後餘額之部分，是否應經由被告之反訴使其一次解決，即成一個值得研究問題。司法院民事訴訟法研究修正委員會之民事訴訟法修正草案第二百五十九條之一第一項第二款曾建議規定：被告主張抵銷之請求尚有餘額得請求原告給付者，被告應提起反訴（但此建議案已遭否決）。如此，雖可解決部分關於一部請求之問題，但於本訴未就抵銷之對待請求為實體判斷而不生既判力時，仍將發生一部請求之問題。於此，被告似可於反訴中，作預備的聲明。又被告主張抵銷之對待請求，於法

註二一　參照拙著，《民事訴訟法（下）》，第七十頁。王甲乙、楊建華、鄭健才合著，《民事訴訟法新論》，八十二年，第四八二頁。

註二二　關於一部請求，請參照小山等編，前揭書（演習），第二四一頁以下。三ケ月章著，《民事訴訟法研究》第三卷，有斐閣，昭和四十九年，第一六五頁以下。木川統一郎著，《民事訴訟法重要問題講義（中）》，成文堂，平成四年，第三○六頁以下。

院判決其為不成立時，事實上法院已就其對待請求之全額審理認其均不成立，如謂其僅就主張抵銷之數額部分有既判力，亦屬值得檢討。

二、關於重複起訴禁止問題

主張抵銷之對待請求，其成立與否經裁判者，以主張之抵銷額為限，不得更行主張而有既判力，則抵銷之抗辯與訴之提起如果競合時，應如何處理？關於同一債權，被告於訴訟上作為主動債權主張抵銷與就該主動債權獨立提起訴訟競合之情形，有下列四種型態：

(1)先就主動債權獨立起訴（A訴）後，於他訴（B訴）中以該主動債權為訴訟上抵銷之抗辯。

(2)就主動債權於訴訟（C訴）中為訴訟上抵銷之抗辯後，復就主動債權提起他訴（D訴）。

(3)就同一債權，於訴訟中作為主動債權主張抵銷，並於同一訴訟中就該債權提起反訴。

(4)就本訴請求之債權，於反訴中作為主動債權主張抵銷。

在就上述四種情形討論之前，必須先決定者為訴訟上抵銷抗辯依民事訴訟法第四百條第二項規定，法院就其請求之存否，於抵銷之額有既判力，則抵銷抗辯之提出，是否有起訴（或訴訟繫屬之效果）？德國一八七七年民事訴訟法第二百三十五條草案理由中即認「訴訟繫屬之抗辯，與既判事項之抗辯(exceptio judicatae)有同一之範圍，別訴如就訴訟繫屬中之請求權為抵銷抗辯之主張時，應同受第二百三十五條規定之適用」(註二三)。惟德國最高法院於一八八二年之判例，否定前述立法意旨，否定抵銷抗辯為訴訟繫屬(註二四)。我國最高法院二十二年上字第二六七號判例謂：「抵銷抗辯，並不使對待債權發生訴訟拘束，故對待債權雖另在訴訟繫屬中，仍無妨以之供抵銷之用」。亦不認抵銷之抗辯有起訴之性

註二三　參照河野著，前揭書，第九十頁。

註二四　參照河野著，前揭書，第九十二頁以下所引RG.Ⅱ. Civilsenat, Urt. V. 16, Mai 1822, RG. Ⅱ. Civilsenat Urt. V. 11, Mai 1886 判例。

質。從而：

於(1)之情形(註二五)：

1. 於B訴事實審最後言詞辯論終結前，A訴判決確定，B訴於審理該抵銷之抗辯時，應受A確定判決之拘束，不得為相反之主張或認定。如為相反認定之判決時，B訴之判決，即有再審之事由。

2. 於B訴事實審最後言詞辯論終結後判決確定前，A訴判決始確定時，A訴判決確定之事實不能於B訴主張，可能造成A、B二訴對於抵銷之主動債權存否認定之矛盾，為避免此項矛盾之發生及基於訴訟經濟之要求，宜依民事訴訟法第一百八十二條規定，B訴裁定停止訴訟程序(註二六)。

3. 於A訴事實審最後言詞辯論終結前，B訴判決確定，則B訴就抵銷之額部分之判決已生既判力，如抵銷後尚有餘額，法院應就A訴中經抵銷之部分，以訴不合法為由駁回原告之訴(註二七)，並就餘額部分為實體之判決。此時B訴對於抵銷之主動債權存否之認定，應生爭點效(註二八)，俾免發生裁判之兩歧。

4. 於A訴事實審最後言詞辯論終結後判決確定前，B訴先判決確定，此時亦會如2，發生A、B二訴判決矛盾之情形。為求訴訟之經濟與避免裁判之矛盾，B訴宜依民事訴訟法第一百八十二條規定停止訴訟程序。

註二五　日本判例採違法說，學者通說則採適法說〔參照鈴木忠一、三ケ月章編，《新實務民事訴訟法講座 I 》，日本評論社，一九八一年，第三八三頁以下〕。

註二六　德國學者Lindacher, Rimmelspacher亦作同樣主張，參照河野著，前揭書，第一〇三頁以下。

註二七　當然此時A訴之請求權因抵銷之結果，債權已消滅而發生請求無理由之問題。惟基於程序優先於實體之審理原則，應先認訴為不合法。

註二八　參照拙著，《民事訴訟法修訂新版（下）》，第七十一頁。

於(2)之情形：抵銷之抗辯並非訴之提起，則Ｃ訴中主張抵銷之主動債權，自得對之另為Ｄ訴之請求。惟此時倘Ｃ訴認抵銷為有理時而判決先確定時，則就抵銷之額部分已有既判力，在目前實務上尚承認一部請求僅就請求部分有既判力之理論下，如抵銷後已無餘額，Ｄ訴應以訴為不合法（民事訴訟法第二百四十九條第一項第七款）駁回其請求。如抵銷後尚有餘額，就已抵銷之部分，該部分之訴不合法，餘額部分仍須審理判決，惟此時就該主動債權之存在，對Ｃ訴之判決所認定之理由，應認有爭點效之效果，俾免發生裁判之矛盾。若Ｄ訴之判決先於Ｃ訴之判決確定，而Ｃ訴尚在最後事實審言詞辯論終結前，Ｃ訴自應受Ｄ訴判決之拘束。如在事實審言詞辯論終結後，則可能發生Ｃ、Ｄ二訴判決矛盾之問題。

於(3)之情形：因被告係以在本訴中主張之抵銷債權為訴訟標的提起反訴，此時法院應就本反訴合併辯論合併判決（民事訴訟法第二百零四條反面解釋）。此時，如認抵銷之抗辯為正當，反訴之請求在抵銷之額範圍內，因抵銷而消滅，就抵銷部分以訴無理由駁回反訴。如抵銷之抗辯無理由，反訴亦屬無理由，自可駁回反訴。如被告僅就抵銷後之餘額提起反訴，於認抵銷之主動債權成立時，應就本訴駁回原告之請求，並就被告之反訴，為被告（反訴原告）勝訴之判決，如本訴之請求為不成立，反訴之請求亦不成立，法院固對本反訴均為駁回之判決，惟此時反訴判決之既判力僅及於主動債權之餘額部分，被告仍得就原主張抵銷額部分之債權另行起訴，但反訴判決應有爭點效之適用，俾免發生裁判之矛盾。此時被告似可為預備之聲明，即於原告之請求不成立時，為全部主動債權之請求。

於(4)之情形：因原告係以本訴之請求於反訴中作為主動債權主張抵銷，此時法院應就本訴與反訴同時辯論同時判決。如認本訴為有理由而反訴之請求為無理由，應分別就本訴與反訴為原告勝訴之判決。如認本訴之請求為有理由，反訴之請求亦為有理由時，本訴之請求在抵銷額範

圍內，因與反訴之請求抵銷而消滅，如抵銷後有餘額，應准餘額部分之請求，並駁回其餘之訴及反訴；如無餘額而反訴之請求尚有餘額，則應駁回本訴及反訴關於抵銷額部分之訴，並准餘額部分之反訴。

〔伍〕結　語

訴訟上之抵銷與民法上之抵銷，性質上及效力上有諸多不同，而訴訟法對於訴訟上之抵銷，僅有第四百條第二項之規定，致在適用上發生諸多問題，正本之道，恐須於訴訟法加以明文規定，始可避免爭議。

不利益變更禁止之原則

要　目

（本文原載於《法令月刊》，第四十八卷第一期）

不利益變更禁止之原則

〔壹〕前　言

　　刑事訴訟法及行政訴訟法皆以明文揭示不利益變更禁止原則(Das Verbot der reformatio in peius)。刑事訴訟法第三百七十條前段規定:「由被告上訴或為被告利益而上訴者，第二審法院不得諭知較重於原審判決之刑」。行政訴訟法第一百九十五條第二項規定:「撤銷訴訟之判決，如係變更原處分或決定者，不得為較原處分或決定不利於原告之判決」。足見在刑事訴訟或行政訴訟上，不利益變更禁止之原則係法所明定具有概念獨立性之原則；但在民事訴訟上，我民事訴訟法並未以明文加以規定，惟實務上及學者大都承認有此原則之適用(註一)。然對此原則之討論，均相當簡略，故擬利用民訴法基金會八十五年十二月八日研討會之機會，提出一些不成熟之粗淺意見。就教於各位教授，期能拋磚引玉。

註一　參照最高法院五十三年臺上字第三一七三號判例、同院八十五年臺上字第四六二號判決。王甲乙、楊建華、鄭健才合著，《民事訴訟法新論》，八十年二版，第五四二頁。姚瑞光著，《民事訴訟法論》，七十五年，第四八六頁。楊建華著，《民事訴訟法問題研析(一)》(簡稱楊著)，第三六三頁。吳明軒先生著，《中國民事訴訟法(下)》，七十四年，第一一八〇頁。陳榮宗、林慶苗合著，《民事訴訟法》，八十五年，第六九七頁。拙著，《民事訴訟法論(下)》，八十四年版，第二二七頁。

〔貳〕上訴共通之原則與不利益變更禁止之原則

受不利益判決之當事人，不服判決提起上訴後，若對造未上訴或附帶上訴時，上訴審法院審理後，得為判決之範圍如何？從法制史上言，自羅馬優帝(Iustinianus)法即有「上訴共通之原則」(Gemeinschaft der Appellation)。依該原則，賦予判決兩造當事人不服判決之權，倘僅當事人一方提起上訴，被上訴人雖未提起上訴，亦得陳述自己對原判決不服，縱被上訴人未到場，上訴審法官，亦應依職權考慮被上訴人之有不服(職務代理：Parte sadimplere)。只須實體真實有利被上訴人，即應將原判決變更(依實體真實之裁判容許性)。換言之，一造之上訴，其利益亦及於他造，亦即上訴係由利點共通所組成(註二)。德國普通民事訴訟法之上訴程序，亦適用上訴共通原則。至十八世紀末十九世紀初，學者葛那(Gänner)始對上訴共通原則之機能領域試作極限制之解釋，認僅限於有附帶上訴時，始有上訴共通原則之適用。其後學者亞諾德(Arnold)、沙爾得流斯(Sartorius)、林德(Linde)等亦分別對上訴共通原則提出批判，認上訴審審判範圍之決定，應委諸當事人之意思，實質的尊重處分權主義(註三)。龍哈特(Leon Hardt)起草之五〇年法第四百三十六條明定：「依聲明不服上訴之裁判，除對造有依附帶上訴之結果外，不得對上訴人為不利益之變更」。此一草案為漢諾瓦(Hannover)草案所繼受，規定：「判決，除對造依上訴或附帶上訴之結果外，不得對上訴人為不利益之變更。但應依職權之事項，不在此限」(第一讀草案第五百七十五條第一項)。而北德草

註二　參照宇野聰著，〈不利益變更禁止之原則の機能と限界(一)(二)〉〔分別刊載於《民商法雜誌》，第一〇三卷三號((一)部分)及第一〇三卷四號((二)部分)〕。

註三　參照宇野著，前揭文(一)。

案更認原判決中兩造未聲明上訴之部分，已確定不得依職權為廢棄，故僅規定：「第一審判決僅得於有變更聲明之範圍內，變更之」。現行德國民事訴訟法第五百三十六條亦作相同之規定，確立不利益變更禁止之原則(註四)。

由上述德國立法經過，可知上訴審審判範圍，如重視裁判之合事實真理性（實體真實性），則將導致上訴共通原則，若重視當事人之意思（處分權主義），則應有不利益變更禁止原則之適用。按民事訴訟多係涉及私權之爭執，與公益關係較少，制度上宜多尊重當事人之意思。

〔參〕不利益變更禁止原則之法理依據

不利益變更禁止原則之法理依據為何？學者意見不一，大約可分成二大類(註五)：

一、獨立性概念說

此說認為不利益變更禁止之原則，係源自於其獨立性之概念，換言之，上訴係受不利益判決之當事人向上訴審法院表示不服，請求對自己為有利判決之救濟制度，倘上訴審法院審理結果，反而對上訴人為更不利於原判決之判決時，實違反上訴制度之目的與上訴人提起上訴之意思。故不利益變更禁止之原則，係源於上訴制度獨立性之概念，而非由其他民事訴訟原則所衍生或派生之原則。上述漢諾瓦草案第五百七十五條第一項（一讀會）規定，及日本舊民事訴訟法（明治二十四年施行）第四

註四　參照宇野著前揭文(一)。

註五　參照宇野著，前揭文。飯塚重男著，〈不利益變更禁止原則〉，《講座民事訴訟法⑦》，弘文堂，一九八五年，第一九三頁。花村治郎著，〈不利益變更禁止の原則〉，《民事訴訟雜誌(34)》，一九八八年，第八十頁以下。栗田隆著，〈不利益變更禁止に關する判例法理〉，《判例民事訴訟法理論（下）》，有斐閣，一九九五年，第二七○頁。

百二十五條規定：「判決對上訴人為不利益之變更者，以對造以上訴或附帶上訴之方法對原判決不服之部分為限，始得為之」。均在揭示不利益變更禁止之原則，係源於上訴制度之獨立性。

二、衍生性概念說

此說認為不利益變更禁止之原則並非源於上訴制度本身，而係由聲明拘束原則、處分主義原則等民事訴訟原理衍生而來，蓋第二審之言詞辯論應於上訴聲明之範圍內為之（民事訴訟法第四百四十五條第一項、日民事訴訟法第二百九十六條第一項、德民事訴訟法第五百二十五條），第二審法院認上訴為有理由者，應於上訴聲明之範圍內，為變更原判決之判決（民事訴訟法第四百五十條、日民事訴訟法第三百零四條、德民事訴訟法第五百三十六條）。第二審法院之審判既受聲明之拘束，自不能為不利益變更之判決。且在處分權主義下(註六)，當事人得處分其訴訟，法院就其處分之部分，自應尊重不得干涉，從而亦不得為不利益變更之判決。

吾人以為民事訴訟原則上採處分權主義，在此前提下，受不利益判決之當事人，是否對不利益判決提起上訴？上訴範圍如何？均委諸當事人自行決定。民事訴訟法第四百四十一條第一項第三款規定：「應以上訴狀表明對於第一審判決不服之程度及應如何廢棄或變更之聲明」。同法第四百四十五條第一項規定：「言詞辯論，應於上訴聲明之範圍內為之」。同法第四百四十五條復規定：「第二審法院認上訴為有理由者，應於上訴聲明之範圍內，為變更原判決之判決」。是不利益變更禁止之原則之依據，一係因第二審法院之裁判，應受上訴聲明之拘束與處分權主義之限制所反射之結果。從未提起上訴或附帶上訴之當事人言，係被上訴人消極的

註六　關於不利益變更禁止之原則之依據，德國近時之學說以處分權主義為依據者為通說，惟關於處分權主義之內容如何？學者意見分歧，有謂係關於訴訟標的之當事人處分權能者，有謂係當事人訴訟上之處分權能者，亦有謂係當事人之具體的處分權能者（參照飯塚著，前揭文，第一九三頁）。

處分對於法院之拘束力(註七)。其次上訴係受不利益判決當事人請求救濟之方法，如果上訴法院之裁判無此項原則之限制，則當事人恐將因其上訴反遭更不利益之判決，而不敢上訴，將對當事人之上訴權有為實質上之某種限制(註八)。

〔肆〕不利益變更禁止原則之運用與檢討

不利益變更禁止之原則係在拘束上訴審法院為判決時，除被上訴人有提起獨立上訴或附帶上訴外，不得對上訴人作更不利於原判決之判決。茲所謂「不利益」之判斷，應以既判力之範圍為其基準(註九)。判決理由之判斷，除有特別規定（民事訴訟法第四百條第二項）外，原則上不生既判力，自不生「不利益」判斷問題，例如對於請求給付價金事件，第一審判決，以買賣不成立駁回原告之訴，第二審法院雖認買賣係成立，惟被告主張時效之抗辯亦成立，而判決駁回上訴，其間買賣是否成立，時效抗辯是否可採之判斷，均為理由中之判斷，無既判力可言，自不生對原告之上訴為「不利益」判決可言。惟在第一審為命同時履行之判決(註一〇)，被告上訴後，第二審法院如認被告同時履行抗辯之主張為不可採時，雖此項判斷並無既判力，但如第二審判決改將命同時履行給付

註七　參照山本克己著，〈不利益變更禁止の原則〉，ジュリスト，《民事訴訟法の爭點》，新版，第三二二頁。

註八　參照松浦馨著，〈不利益變更禁止の原則〉，《セミナー法學全集⑦》，第二三八頁。山本著，前揭文，第三二二頁。藤井彥一郎著，〈不利益變更の禁止〉，ジュリスト、《民事訴訟の爭點》，第二九〇頁。

註九　參照飯塚著，前揭文，第一九五頁。山本著，前揭文，第三二二頁。日本最高裁判所昭和二十三年十月十二日判例（民集二一一一一三六五）。

註一〇　即法院認被告同時履行之抗辯為有理由時所為之判決(Lautet der Urteil auf Leistung Zug um Zug)，參照最高法院二十九年上字第八九五號判例。

部分之原判決廢棄，將使原附有條件之判決變更為不附條件，仍應認其違反不利益變更禁止之原則(註一一)。以下分別就實務上此項原則在上訴審及更審審理中之運作情形予以檢討。

一、上訴審之審理及判決

(一)因職權調查事項之瑕疵而須廢棄原判決之情形

1.程序違背與訴訟要件之欠缺

　　第一審判決違背訴訟程序之規定，且涉及公益者，例如違背言詞辯論公開之規定、未參與言詞辯論之法官參與判決；或對於訴訟要件欠缺，例如法院對該事件無審判權，而第一審判決原告一部勝訴一部敗訴（以下稱例一），僅被告提起上訴時，第二審判決可否將違法之第一審判決全部廢棄？有不同意見。有採一部上訴全部廢棄說者，謂訴訟程序之重大瑕疵、訴訟要件是否具備，均屬法院應依職權調查之事項，不受當事人聲明之拘束，亦非當事人行使處分權之對象，應不適用「不利益變更禁止之原則」，故法院可將原判決全部廢棄(註一二)。有採一部上訴該部廢棄說者，認基於上訴人利益之保護，僅得就上訴人聲明不服之部分廢棄裁判者(註一三)。

　　吾人以為於例一之情形，如僅被告提起上訴時，第二審判決僅須將原判決被告上訴之部分廢棄，改判駁回原告之訴即可。蓋第一審有利於被告之部分，係依實體理由駁回原告之訴，而原告未上訴，例如第二審判決以程序上理由一併廢棄，使其一併成為無既判力之訴訟判決，將使

註一一　參照飯塚著，前揭文，第一九五頁。Rosenberg-Schwab: Zivilprozessrecht 13 Aufl. 1981 s. 857.

註一二　採此見解者，例如德國最高法院一八八八年四月二十八日判決(RGZ22.3)、日本大審院昭和八年五月十日判決（民集一二―一一五六）、最高裁判所昭和二十五年九月十五日判決（民集四―九―三九五）。

註一三　採此說者，例如德國聯邦法院一九八五年十二月十八日裁定(NJW 1986.1494)，並為德國通說（參照宇野著，前揭文(一)第四一四、四二一頁）。

上訴人即被告受不利益，應認違反「不利益變更禁止之原則」；反之如僅係原告提起上訴，有認可以全部予以廢棄者。日本實務與學者亦多贊成。其理由認為如不全部廢棄，而僅以程序上之理由，將原告上訴部分改依程序上理由駁回上訴人（即原告）之上訴，則將來被告勢必又須依再審程序救濟，將原判決不利（被告）之部分廢棄，則依不利益變更禁止之原則維持此部分之原判決將毫無意義云云（註一四）。惟被告對於不利益部分之第一審判決既未提起上訴，而依我民事訴訟法第四百九十六條第一項規定，當事人如知有再審事由而不為主張者，不得提起再審之訴，則於被告知悉上訴理由而不上訴時，能否謂適用「不利益變更禁止之原則」無意義，非無研究餘地。是則於此情形，第二審審判長應依民事訴訟法第一百九十九條第二項規定，對被告為闡明，使其知悉有依附帶上訴救濟之機會，如其不主張放棄附帶上訴，則第二審法院自應僅就原告上訴部分，改依程序理由駁回其上訴（民事訴訟法第四百四十九條第二項）即可，仍應有「不利益變更禁止之原則」之適用。

2.假執行裁判

　　第一審判決原告勝訴之給付判決，如未附假執行宣告，被告提起上訴（下稱例二），第二審法院如為判決駁回上訴時，可否依職權併宣告假執行？按此項依職權併附假執行之宣告，使原尚不得執行之判決，得對被告假執行，係不利於上訴人（被告）之判決，於「不利益變更禁止之原則」有違，惟依民事訴訟法第四百五十七條第二項規定觀之，不受上述原則之拘束。又於例二之情形，如該給付依民事訴訟法第三百八十九條規定，係應依職權宣告假執行，而僅由被告上訴，原告於第二審僅陳述該第一審判決原應依職權宣告假執行云云，此種應依職權宣告假執行之給付，第二審法院仍可不受「不利益變更禁止之原則」之拘束，依職權宣告之。又同例如第一審判決所定假執行之擔保金（民事訴訟法第三

註一四　參照栗田著，前揭文，第二七二頁。宇野著，前揭文，第五八四頁。齋藤秀夫編著，《註解民事訴訟法(6)》第一法規，一九八〇年，第一八七頁。

百九十二條）過高時，原告因不得獨立對假執行之擔保金部分提起上訴，但第二審法院如認第一審判決所定擔保金確實失當者，亦不受「不利益變更禁止之原則」之拘束，得予變更減少之。蓋假執行擔保金之酌定，係法院職權判斷事項之故(註一五)。

⟨二⟩聲明拘束力之內容

　　在處分權主義下，法院應受當事人聲明之拘束，其裁判不得超越聲明之範圍，否則即成為訴外裁判。但此並非謂當事人一切聲明之內容均應有拘束力，而應由適切解決民事紛爭之觀點來限定聲明之容許範圍，或將拘束力制約於一定之範圍。例如確定經界訴訟，分割共有物訴訟，實務上均認法院不受當事人所聲明經界線或分割方法之拘束(註一六)。此類聲明之拘束力，在第二審發生若何之影響？試析述如下：

　　1.訴訟判決之上訴

　　第一審法院為訴訟判決，原告提起上訴：如第一審以原告之訴當事人不適格為由，判決駁回原告之訴（以下稱例三），原告提起上訴，第二審認原告當事人並非不適格，但其請求為無理由時，可否依民事訴訟法第四百四十九條第二項規定，變更理由而維持第一審判決結果？日本判例及多數學說謂此時第二審不得廢棄原判決改判駁回原告之訴，僅能駁回原告之上訴。　其理由謂否則即違反不利益變更禁止之原則云云(註一七)。惟此見解值得推敲。蓋第二審判決形式上雖係維持第一審判

註一五　參照日本東京高等裁判所昭和三十一年四月二十六日判例　（高民集九—四—二三一頁）。栗田著，前揭文，第二七三頁。飯塚著，前揭文，第二一一頁。兼子一、松浦馨、新堂幸司、竹下守夫著，《條解民事訴訟法》，弘文堂，一九八六年，下簡稱兼子等著條解，第一一九○頁。

註一六　最高法院四十九年臺上字第二五六九號。栗田著，前揭文，第二七四頁。拙著，《程序法之研究⟨二⟩》，三民書局，八十四年，第七五頁。

註一七　參照栗田著，前揭文，第二七四頁。飯塚著，前揭文，第二○八頁以下。藤井著，前揭文，第二九○頁。宇野著，前揭文⟨二⟩，第五八四頁以下。

決，但其所維持者為其判決之結果，換言之，即駁回原告之訴之主文，但其所判斷者，為訴訟標的──原告之請求無理由。依民事訴訟法第四百條第一項規定，仍發生既判力，與廢棄第一審判決改判駁回原告之訴何異？吾人以為第二審法院於此時應考量：A當事人之審級利益；B當事人就實體關係於第二審是否已有適當完全之辯論，如認於原告（上訴人）無礙，基於訴訟經濟之理由，吾人贊同可依民事訴訟法第四百四十九條第二項規定，維持第一審判決之結果，否則宜認原告之上訴有理由，為維持審級利益，而將原判決廢棄，發回原第一審法院。

　2.經界訴訟

　　確定不動產經界訴訟，係定不動產界線或設置界標之訴訟，與所有權誰屬無涉，如係確認至一定界線之土地為原告所有，則為確認所有權之訴，而非確定經界之訴(註一八)。是學者謂確定不動產經界訴訟係具有非訟性質之形式上形成之訴(註一九)。基於非訟法理，法院為確定經界訴訟之裁判時，不受當事人聲明之拘束，得依其調查辯論之所得，為適當之判決(註二〇)。惟於當事人不服第一審判決提起第二審上訴時，應否受上訴聲明之拘束，學者見解不一。有認依非訟法理，第二審法院應不受上訴人聲明之拘束，如認為適當時，仍可為不利於上訴人之變更判決

　　　　日本大審院昭和十五年八月三日判例（民集一九──一六──一二八四頁）、最高裁判所昭和六十年十二月十七日判例（民集三九──八──一八二一頁）。我民事訴訟法關於訴訟要件之欠缺，依同法第二百四十九條第一項規定，大都應以裁定駁回原告之訴，於此情形，在抗告程序因無須亦無從調查訴訟標的──即原告之訴有無理由，故本小題之問題在我國實務上較為少見。

註一八　參照最高法院二十七年上字第一四五一號判例。

註一九　參照楊著，第一八九頁。拙著，《民事訴訟法（上）》，三民書局，八十三年，第三十九頁。

註二〇　參照註一九。

者(註二一)。有認確定經界訴訟第一審法院固不受原告聲明之拘束，可為適當之判決，但於第二審，則應受不利益變更禁止之原則之適用。吾人以為確定經界之訴訟，經第一審判決後，已有一條第一審認定之經界線，如附圖ＡＢ連線，若被告認兩造之經界應為A'B'連線不服第一審判決提

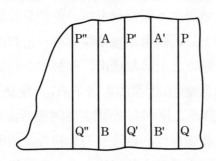

起上訴，主張兩造之經界應為A'B'連線，而第二審法院認為兩造經界應為ＰＱ連線時，可否將第一審所判經界線確定為ＰＱ連線，於此情形，因上訴人自己主張之經界為A'B'連線，故如ＰＱ線在A'B'線之右方，換言之，比上訴人主張之範圍更大時，經界之確定如無害於公益，第二審判決應於上訴人聲明之範圍內變更，換言之，應變更為A'B'連線。如ＰＱ線係在A'B'線之左方，但在ＡＢ線右方，如圖P'Q'線，第二審判決應確定為P'Q'線，如ＰＱ線係在ＡＢ線左方，如被上訴人對於第一審判決確定經界為ＡＢ並未上訴，則第二審判決應受不利益變更禁止原則之拘束，換言之，於此情形應駁回上訴人之上訴即可(註二二)。

　3.因判決離婚所生之贍養費及子女之監護

註二一　參照日本大審院大正十二年六月三日判例（民集二一三四五）、同院昭和十一年三月十日判決（民集五一六九五頁）。最高裁判所昭和三十八年十月十五日判決（民集一七一一二二〇）。

註二二　參照飯塚著，前揭文，第二〇一至二〇三頁。松浦著，前揭文，第二三七頁。藤井彥一郎著，〈不利益變更の禁止と境界推定の訴え〉，ジュリスト，《民事訴訟法判例百選》二版，第二六八一九頁。

夫妻無過失之一方，因判決離婚而陷於生活困難者，他方縱無過失，亦應給與相當之贍養費（民法第一千零五十七條定有明文）。此項贍養費給與之訴，性質上應屬非訟性質，理論上，法院應不受當事人聲明之拘束，可依合目的性酌定其數額。惟如第一審判決已有依定數額給付之諭知，而當事人之一造對之不服提起上訴，例如原告認為過低而上訴，如被告未上訴及附帶上訴，縱第二審法院認第一審判決之金額偏高，亦因被告未上訴，而認原告之上訴無理由，如被告上訴認所命給付過高，但第二審法院認為偏低時，亦因原告未表不服，而應認被告之上訴無理由，始符「不利益變更禁止之原則」。至因夫妻離婚而提起之子女監護訴訟，此類事件性質上係非訟事件，並涉及公共利益，依民法第一千零五十五條規定，依協議由一方或雙方共同任之。未為協議或協議不成者，法院得依夫妻之一方、主管機關、社會福利機構或其他利害關係人之聲請或依職權酌定之。其協議不利於子女者，法院得依主管機關、社會福利機構或其他利害關係人之請求或依職權為子女之利益改定之。法院得依請求或依職權為子女之利益酌定權利義務行使負擔之內容及方法。可知子女監護人之決定，富公益性並超越當事人之私益，故應不受「不利益變更禁止之原則」之拘束，第二審法院認第一審判決不當時，得為更不利於上訴人之判決，不受當事人聲明事項之拘束（民事訴訟法第五百七十二條之一第四項），自不待言。

4.分割共有物訴訟

分割共有物之訴，其事件之性質亦屬非訟事件，故法院不受當事人所聲明分割方法之拘束（當事人亦可不聲明分割方法），自為適當之分割(註二三)。兩造當事人對於第一審判決之分割方法不服時，均可提起上訴，此時依通說，第二審法院亦不受「不利益變更禁止之原則」之拘束，可將第一審判決之分割方法另作其他方法之分割，縱其分割結果對上訴

註二三　參照最高法院四十九年臺上字第二五六九號判例。拙著，研究(二)，第六十九頁。

人不利益，亦不生違法問題(註二四)。值得檢討者，設甲乙共有土地一筆請求分割，第一審法院依兩造使用土地及地形，將土地分割為Ａ、Ｂ二部分，Ａ由甲單獨取得，Ｂ由乙單獨取得，因Ａ、Ｂ二地面積，地價不同，同時甲應補償乙五十萬元（以下稱例四），甲不服提起上訴（乙未上訴），第二審法院審理結果，土地分割為Ａ、Ｂ二部分，相差價值應為八十萬元時，依通說，第二審法院應將原判決廢棄，將共有土地分割為Ａ、Ｂ二部分，由甲分得Ａ部分，乙分得Ｂ部分，並由甲補償乙八十萬元。如此從結果言，甲上訴之結果，反應多給付乙三十萬元之補償，能否謂分割共有物事件有非訟性質，而可不顧「不利益變更禁止之原則」之適用？按共有物之分割，係依各共有人之應有部分；以原物分配各共有人或變賣共有物以價金分配於各共有人。以原物分配時，如共有人中，有不能按其應有部分受分配者，得以金錢補償之（民法第八百二十四條第二項）。故在理論上，各共有人分得部分之價值應為相同，原無對於何共有人有不利益可言，惟各共有人對分得部分主觀上之需求不同，認為不利，訴訟實務上均准兩造得為上訴，然如例四，法院依原物分配，僅其補償多寡第一審判決補償五十萬元，第二審認八十萬元，但被上訴人對於第一審判決補償五十萬元既未上訴亦未附帶上訴，是須因上訴人之上訴，而多命其補償三十萬元？使其因上訴而受不利益？吾人以為尚有商榷餘地，當然，於共有人有多人之情形，分割方法變更結果，可能涉及多個共有人，致同造共有人各有改變，此時利益或不利益之判決，即非如上述例四之單純，自仍應依非訟法理處理。

　5.抵銷

　　不利益變更禁止之原則，關於「不利益」之判斷，原則上係以既判力之範圍為其比較之標準，判決理由之判斷，原亦不生「不利益變更禁止之原則」之適用問題，惟訴訟上抵銷之抗辯，依民事訴訟法第四百條第二項規定，主張抵銷之對待請求，其成立與否經裁判者，以主張抵銷

註二四　參照拙著，研究㈡，第七十五頁。

之額為限，不得更行主張，而有既判力，原應受「不利益變更禁止之原則」之拘束，惟於第一審判決以被告主張有反對債權存在且作為抵銷之抗辯亦有理由，而駁回原告之訴（以下稱例五）情形，如僅原告上訴，而第二審審理結果認原告之請求權不存在而被告之反對債權亦存在時，有主張應廢棄原判決關於認原告請求權存在之部分，改判駁回原告之訴者(註二五)。惟原判決主文既為原告之訴駁回，即無改判可言，自仍應為駁回上訴之判決。此時值得討論者，原告提起上訴，雖在指摘原判決認被告抵銷之反對債權之成之，第二審審理之範圍是否以此為限？被告可否於第二審仍否認原告之債權？第二審可否為原告請求權不存在之判斷？如果可以，有無違背不利益變更禁止之原則？吾人以為法院就抵銷抗辯可否之判斷，係以原告之請求是否成立為前提，若原告之請求不成立，即無就被告所主張抵銷之對待請求成立與否為調查之必要。第一審判決雖認定原告之請求及被告抵銷之對待請求均成立，而為原告敗訴之判決，並僅原告提起上訴，然我民事訴訟法第二審係採續審主義，除被告於第一審對於原告之請求權自認有存在之事實外，於第二審仍可否認（民事訴訟法第四百四十七條），依前說明，第二審法院自應對此先於抵銷之抗辯而為調查，審理結果既認原告之請求為無理由，即可不待調查抗辯之事項，改依原告之請求無理由，維持第一審駁回原告之訴之判決。就此從第一審判決理由言，似對原告（即上訴人）為不利益之變更，惟原告對於被告之請求權不存在，則反對債權亦無依抵銷而消滅之可能，且第二審判決並非依抵銷之對待請求之判斷為基礎，亦不生民事訴訟法第四百條第二項適用問題，故對原告言，應無有利或不利情事，自無違背「不利益變更禁止之原則」可言。

(三)聲明不服部分與他部分兼有密切關係之情形

註二五　參照山本克己著，〈相殺の抗辯と不利益變更禁止の原則〉，ジュリスト，第八七九號，第六十頁。飯塚著，前揭文，第一九六頁。堤龍彌著，〈不利益變更の禁止〉，《法學教室》，第一八四期，第四十一頁。

1.客觀預備合併之訴之情形

客觀預備合併之訴，係原告對於同一被告預慮其所提起之訴（本位之訴）有受敗訴判決之虞，而合併提起不能併存之訴訟（備位之訴），於本位之訴為法院判決有理由時，就備位之訴無庸判決之合併之訴(註二六)。原告提起之客觀預備合併之訴，法院認本位之訴無理由，備位之訴有理由判決後，於僅由原告就本位之訴提起上訴，或僅由被告就備位之訴提起上訴時，如第二審認上訴為有理由時，因本位之訴與備位之訴有不相容之特性，於認本位之訴上訴有理由時（即原告上訴時），因被告對備位之訴未上訴，第二審法院無法對此部分廢棄，造成被告二訴均敗訴之結果，反之，於認備位之訴有理由時（即被告上訴時），則為原告二訴均敗訴之結果，並發生二訴判決之矛盾，故第二審法院此時宜闡明使對造提起附帶上訴，以解決此一矛盾。至第一審法院認本位之訴有理由判決原告勝訴時，備位之訴並未裁判，此時若被告提起上訴，而第二審認為本位之訴部分上訴有理由，並認備位之訴亦為有理由時，可否廢棄原判決，並逕就備位之訴部分為原告勝訴之判決？如採肯定見解，有無違背不利益變更禁止之原則？ 對此實務上最高法院採肯定見解(註二七)。對此吾人以為上訴固有使事件發生移審之效力，但移審後裁判之範圍，仍應受上訴聲明之限制（民事訴訟法第四百四十五條第一項、第四百五十條參照），故關於備位之訴部分，仍應由被上訴人為備位之聲明，如不待其聲明逕就備位之訴部分為被上訴人（即原告）有利之判決，難謂無違反「不利益變更禁止之原則」之嫌(註二八)。

2.競合的合併之訴

競合的合併之訴，即原告合併起訴主張數請求，以單一之聲明達其

註二六　參照拙著，前揭書（上），第二〇八頁。

註二七　參照最高法院六十五年五月四日民庭庭推總會決議集，七十二年八月十六日民事庭會議決議。

註二八　參照拙著，前揭書（上），第二一二頁。堤著，前揭文。

數請求之同一目的之合併之訴(註二九)。設原告於第一審合併就A、B、C三請求起訴，聲明同為P。第一審審理結果，認A請求為有理由，而為原告勝訴判決(註三〇)，被告不服提起上訴，此時B、C之請求部分有無移審至第二審法院？第二審法院審理結果，如認A請求無理由（即被告之上訴有理由），但B請求為有理由時，其判決究竟應諭知原判決廢棄，駁回原告在第一審之訴，並另諭知上訴人應給付被上訴人P；抑駁回上訴人之上訴，並於理由中說明A請求不成立，但因B請求成立，仍可維持原判決之結果？就A訴之上訴，其移審效力及於B、C請求一點，似無異論，但就第二審法院應如何判決，則有不同意見。如由訴訟經濟之目的及原告訴訟之目的言，吾人較贊同上訴駁回說(註三一)。當然此時，對上訴人言，就A訴之上訴換來B訴不利益之判決，惟B訴原即在原告起訴之列，被告仍不能免B訴敗訴之結果，故實際上，上訴人亦無不利益可言。

　　3.第五十四條之訴之情形

　　　　設甲本於所有權請求乙返還X物，訴訟中A主張X物為伊所有，依民事訴訟法第五十四條規定，以甲乙為共同被告起訴，請求確認X物為A所有，並以所有權及占有被侵害請求乙返還X物。若第一審認X物為第三人丙所有，A僅為占有人（例如調查結果認X係違章建築，丙為原始建造人，甲係建築商，丙已將X屋出賣與A，並已交付完畢，但為乙現在占有之情形），就本訴訟判決甲敗訴，第五十四條之訴判決A對甲之請求部分敗訴，對乙之請求部分勝訴，而僅由甲提起上訴時，倘第二審法院審理結果，認定該違章建築係第三人丁所原始建造，A亦非占有人時，應否將原判決

註二九　關於競合合併之訴之意義及其裁判，學說上尚不一致，參照拙著，研究(二)，第三十一頁。

註三〇　亦有認為法院應就A、B、C三訴同為裁判，若其中B請求無理由時，於判決主文中應諭知B之訴部分原告之訴駁回者（參照楊建華著《民事訴訟法要論》，八十二年），第二二〇頁。

註三一　參照拙著，研究(二)，第四十頁。

命乙返還X物與A部分廢棄，改判駁回A之訴？按依民事訴訟法第五十六條第二項規定：「依第五十四條規定起訴者，視為訴訟標的對於共同被告必須合一確定」。據此，甲提起之上訴，依同條第一項第一款規定，其效力及於乙，則乙視同已上訴，而其上訴又有理由，第二審法院對此部分將原判決廢棄改判，似無違反「不利益變更禁止之原則」，惟民事訴訟法第五十四條之訴，其訴訟標的對於共同被告未必為必須合一確定，僅為使本訴訟判決與第五十四條之訴訟結果不致矛盾，視為必須合一確定，而通用第五十六條之規定。上例，原判決認A、甲均非X物所有人，並無矛盾，至認定為第三人丁所有部分，並無既判力，則有無使甲之上訴之效力及於乙（乙並未上訴），更進而認A非占有人而認A不得對乙請求返還X物，遂將此部分之原判決廢棄改判，對A而言，能否謂非不利益之變更，實值商榷。

二、更審裁判與不利益變更禁止之原則

第二審判決經第三審廢棄發回更審後，第二審之審裁判有無受「不利益變更禁止之原則」之拘束？對於第二審判決之上訴，第三審判決仍應受當事人之上訴聲明範圍之限制，除自為判決外，其發回更審之部分，自應限於經聲明上訴之範圍且上訴為有理由部分（民事訴訟法第四百七十五條第一項、第四百七十七條第一項、第四百七十八條第一項），更審法院之更審範圍，除被上訴人提起附帶上訴外，自應以發回之部分為範圍，此時兩造尚得提出新攻擊防禦方法，故更審判決不受原第二審判決之拘束。惟依民事訴訟法第四百七十八條第三項規定，受發回或發交之法院，應以第三審法院為廢棄之理由之法律上判斷為其判決基礎，換言之，此時更審法院應受第三審法院所為法律上判斷之拘束，若其法律上判斷不利於上訴人時，第二審據此所為之判決，可能即不利於上訴人，例如第一審判決為原告一部勝訴一部敗訴之判決，原告對敗訴部分提起上訴亦遭駁回，提起第三審上訴，第三審判決認該案之起訴違背專屬管轄規定時，更審法院應否將第一審判決全部廢棄，移送專屬管轄之第一

審法院（民事訴訟法第四百五十二條第二項），此時，可參考〔肆〕一㈠1.之討論解決。但如第三審判決依第二審判決確定之事實，法律上之判斷應屬租賃而非借貸時，更審依租賃關係，原告之訴亦屬無理由時，第一審依借貸關係判決原告勝訴部分應否受影響？吾人認為此時第二審判決之認定，雖與第一審判決原告勝訴部分之認定矛盾，被告既未附帶上訴，仍應受不利益變更禁止之原則之拘束，判決駁回原告之訴。

〔伍〕結　語

基上討論，吾人認為不利益變更禁止之原則在民事審判上，係源於檢討上訴制度之目的，從處分權主義及聲明拘束之原則衍生而來。此等原則係以私益之保護，應尊重當事人之意思為前提。故如事件涉及公益，而屬法院職權調查之事項，則非當事人所得任意處分而具優越性，基於程序合法性之要求，應解為係不利益變更禁止之原則之例外。又關於判決有無「不利益」變更之判斷，除應以既判力之範圍為基準外，如依事件之性質，形式上雖不利益，但實質上不生利益不利益者，亦宜解為無「不利益變更禁止之原則」之適用。

鄰地通行之訴
——臺灣臺中地方法院七十一年度訴字第二五六〇號事件評釋

要　目

（本文原載於《法制現代化之回顧與前瞻——楊建華
教授七秩誕辰紀念論文集》）

鄰地通行之訴
——臺灣臺中地方法院七十一年度訴字第二五六〇號事件評釋

〔壹〕 事實概要

原告甲主張伊所有土地與乙所有A、B二地相鄰，因與公路無適宜之聯絡，請求確認對A地中之a部分，B地中之b部分土地有通行權存在；乙並應除去障礙物，不得妨害甲之通行。並追加預備聲明，請求判決乙應同意甲使用a、b部分土地作為通行道路，並除去地上障礙物，不得妨礙甲之通行。第一審法院審理結果，認本位之訴部分，甲主張對a部分之通行權尚無不合，而予准許，對於b部分以甲無通行b地之事實而予駁回，對於備位之訴部分，認對a部分已確認甲有通行權，對b部分土地以甲通行a部分土地後，經廟口廣場即有公路可通，無經b地之必要，而予駁回(註一)。兩造均不服第一審判決提起上訴。甲上訴聲明將不利部分之第一審判決廢棄，本位之訴部分改判確認對b部分土地通行權存在，乙應除去地上障礙物，預備之訴部分改判決乙應同意甲使用b部分為通行道路，並駁回乙之上訴。乙則上訴聲明請求將不利部分之第一審判決廢棄，駁回甲在第一審之訴，並駁回甲之上訴。預備聲明請求准甲就乙所有A地中之a部分、B地中之b_1、b_2、b_3部分土地暫時通行，期間至甲之土地連接之×街開闢完成為止，甲應將a、b_1、b_2、b_3部分土地返還乙。甲應按每年公告地價百分之五計算給付補償金。第二審審理結果，將第一審不利於甲部分之判決廢棄，改判確認甲對乙所有B地內b_1、b_2、b_3部分土地有

註一　臺灣臺中地方法院七十一年度訴字第二五六〇號判決。

通行權存在，並由乙除去通行路中障礙。原判決確認a部分與b_1、b_2、b_3部分土地通行權存在之通行期間至甲所有土地連接之×街開闢完成時止，然後由甲將上開通行之土地返還予乙，甲應依公告地價百分之五計算補償金給付與乙，乙之上訴駁回(註二)。乙不服提起第三審上訴，遭駁回上訴(註三)。

〔貳〕評　釋

一、概　述

　　土地因與公路無適宜之聯絡，致不能為通常之使用者，土地所有人得通行周圍土地至公路，其周圍地有忍受之義務，謂之鄰地通行權或必要通行權(Notwegrecht)。此乃法律為調和相鄰不動產之利用，而就相鄰所有人間所定權利義務關係。性質上屬土地所有人所有權之擴張（從得要求相鄰土地所有人為一定作為而言）或限制（從應忍受鄰地所有人為一定作為而言）。鄰地通行權人通行鄰地，為其所有權之行使(註四)。惟必要通行之相鄰關係，並不以相鄰土地之土地所有人為限，即相鄰土地上之地上權人（民法第八百三十三條）、永佃權人（民法第八百五十條）、及典權人（民法第九百十四條）亦得準用之。甚至相鄰土地之使用人，亦宜解為有其準用(註五)。至鄰地通行權人如何主張其通行權，民法第七百八十七條第二項僅規定：「前項情形，有通行權人，應於通行之必要範圍內，擇其周圍地損害最少之處所及方法為之」。是鄰地所有人間就通行權之範圍、開設道路、償金之計算、支付方法等得以協議決定者，固應

註二　臺灣高等法院臺中分院七十一年度上字第一二七三號判決。

註三　最高法院七十三年度臺上字第一六一五號判決。

註四　參照史尚寬著，《物權法論》，六十八年，第九十三頁。謝在全著，《民法物權論（上）》七十八年，第二○五頁、二二○頁以下。

註五　參照後述二。

依其協議，如不能協議時，現行法未如德國民法第九百十七條規定，賦予有通行權之人於周圍地所有人有異議時，得聲請法院決定之(註六)，實務上有通行權之人多對周圍地所有人提起確認通行權存在之訴。

二、鄰地通行權之性質

按土地所有人基於其所有權，本得自由使用收益，並排除他人之干涉。惟於相鄰之土地，如有一被圍繞之袋地，與公路無適宜之聯絡，勢必減損或使其土地無法利用，自有害於社會利益與國民經濟。故民法第七百八十七條第一項規定，土地因與公路無適宜之聯絡，致不能為通常之使用者，土地所有人得通行周圍地以至公路。賦予袋地所有人對其鄰地有通行權。此項通行權係基於土地所有權所生，屬所有權之擴張，同時鄰地所有權因此負有忍受有通行權人通行之義務，亦屬其所有權行使之限制(註七)。是有通行權之人通行鄰地，應屬其所有權之行使，如周圍地所有人加以妨害時，通行權人自得本其所有權，請求周圍地所有人不作為（不得為妨礙通行行為）之權。惟此一請求權之具體內容如何？民法第七百八十七條第二項僅謂：前項情形，有通行權人，應於通行之必要範圍內，擇其周圍地損害最少之處所及方法為之。則於有通行權之人與周圍地所有人間，就通行之範圍及方法達成協議者，固得依其協議之範圍及方法通行，若雙方就通行範圍及方法不能達成協議時，有通行權人此一請求權因無具體內容，尚須透過法院之裁判使其具體化（形成），此部分之裁判，係關於通行範圍及方法之決定，為事實爭執之判斷而非法律關係爭執之判斷，類似分割共有物之訴中，關於分割方法之判斷，兼有實質上要件欠缺之形成權性質，故鄰地通行權具有物上請求權與形成權之雙重性格，又此鄰地通行權係因相鄰關係使周圍地所有權內容受限制，並非袋地所有人因而取得獨立之他項用益物權，與所有權併存，

註六　民法物權編修正草案初稿第七百八十七條第二項已明文規定：周圍地所有人有異議時，法院得因有通行權人之聲請判決之。

註七　參照民法第七百八十七條立法理由。

不能單獨取得或喪失，故無一定之存續期間，惟如通行周圍地之必要性消滅時，鄰地通行權即因之消滅，自不待言(註八)。

又民法第七百八十七條所定鄰地通行權人，雖以袋地所有人為權利人，惟依同法第八百三十三條、第八百五十條及第九百十四條規定，於袋地之地上權人、永佃權人及典權人亦有其準用，故亦得對周圍地所有人主張鄰地通行權。此外，地役權人、承租人，土地或其上建築物利用人可否主張? 不無疑問。學者通說似採肯定見解(註九)。但實務上見解不一(註一〇)。從相鄰關係之目的言，將鄰地通行權擴及土地利用人似無庸爭執。蓋對土地有合法用益權之人，對於土地所有人必有使該土地合於用益目的狀態之權利可得主張，土地所有人對於周圍地所有人不主張鄰地通行權致土地與公路無適宜之聯絡而減低其用益之目的時，原亦可依民法第二百四十二條代位土地所有人對周圍地所有人而為主張，此時縱未規定土地利用人得直接對周圍地所有人為主張，但透過代位權之行使，亦可達成相同之目的，故縱未加明文規定，亦無大礙(註一一)。法務部民法研究修正委員會物權編研究修正小組之民法物權編修正草案初稿增訂第八百條之一規定:「第七百七十四條至第八百條之規定，於地上權人、農用權人、地役權人、典權人、承租人，或其他土地、建築物利用人，準用之」。明文規定採肯定說。

註八　參照史著，前揭書，第九十六頁。

註九　參照史著，前揭書，第八十頁以下。謝著，前揭書，第二〇六、二二一頁。姚瑞光著，《民法物權論》，七十一年，第七十五頁。

註一〇　採否定說者如司法院七十年九月四日廳民一字第〇六四九號函，最高法院六十九年臺上字第二六六三號判決、七十二年臺上字第四七三四號判決; 肯定說: 如同院七十年臺上字第三三三四號判決等。

註一一　參照鈴木祿彌著，《物權法講義》二訂本，創文社，昭和五十六年版，第十頁。

三、鄰地通行之訴之型態

因相鄰通行關係所涉之訴訟，大體可分為二大類：

㈠兩造就通行之範圍及方法曾有協議者

於此情形，兩造均可本於協議而為主張。有通行權人可本協議，對於周圍地所有人請求確認通行權存在，或請求不得為有妨礙通行之行為等，周圍地所有人，亦得對主張有通行權人請求確認通行權不存在，或請求給付償金等是。

㈡兩造就通行之範圍及方法有爭議而未能達成協議者，此時可能有：

1. 周圍地所有人否認有通行權人之通行權，由周圍地所有人對有通行權人提起確認通行權不存在之訴。

2. 有通行權人對周圍地所有人提起確定通行範圍及方法之訴（或合併請求周圍地所有人不得有妨礙通行之行為）。周圍地所有人於此訴訟中反訴請求給付償金。

3. 有通行權人請求周圍地所有人同意其在通行範圍內開設道路（並不得為妨礙之行為）。

因本文重在案例詳析，故以下僅就㈡2.類型訴訟為討論，餘擬另文討論之。

四、確定通行範圍及方法之訴之性質

鄰地通行權之法律上性質，依前述二之討論，吾人認為係兼有物上請求權與實質上要件欠缺之形成權雙重性格，故有通行權人對周圍地所有人提起之通行訴訟，原告之聲明若僅為確定通行之範圍（及方法），則應屬形式上形成之訴，若併聲明請求周圍地所有人不得有妨礙之行為時，則併有給付之訴之性質。實務上，有通行權人提起訴訟時，恆聲明請求「確認原告對被告所有坐落○○號土地內如附圖所示黑色部分有通行權存在」。多以確認之訴以為主張(註一二)。惟如前述被告對於原告主張通行

註一二　參照陳榮宗著，〈相鄰地必要通行權〉，《臺大法學論叢》，第五卷第一期，六十四年十月，第三二五頁。

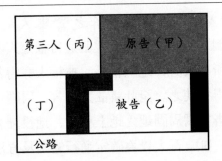

之範圍及方法既有爭執，則原告通行之範圍並非單依原告一方之主張即可確定，故如原告以確認之訴請求確認原告對被告所有土地如附圖黑色部分通行權存在，而法院審理結果，認因第三人（丙）亦將對被告（乙）主張通行權，通行範圍設於附圖斜線部分，對乙之損害最少，且亦為乙所同意時，勢必以原告之請求為無理由而駁回原告之訴。尚不得改判為確認對附圖斜線之部分有通行權存在。如此裁判，實非民法第七百八十七條第二項規定之本意。若依吾人所主張，「擇其周圍地損害最少之處所及方法」係屬法院職權之行使，不受當事人聲明之拘束時，法院自得判決確定通行範圍為附圖斜線部分，而無庸駁回原告之訴。此時即以法院之判決確定（形成）鄰地通行權之範圍（或及其方法）。其訴訟應屬形式的形成之訴而非確認之訴(註一三)。

註一三　史著，前揭書，第九十七頁認：如方向及範圍，自始明瞭者，則為認定的（宣言的）判決。……如於同一土地或數所有人之不同土地，發生有數個客觀的同樣適宜通路之選擇問題或應於何處以如何之寬度開設通路之問題，其必要通路，除當事人另有合意外，由法院判決選定者，則為形成的判決。　法務部之民法物權編修正草案第二稿第七百八十七條第二項後段修正：「周圍地所有人有異議時，法院得因有通行權人之聲請，以判決定之」。其修正理由謂：「……仿德國民法第九百十七條之規定，賦予有通行權之人於周圍地所有人有異議時，得聲請法院以判決定之，以杜疑義。」至其訴訟性質，係屬形成之訴，對於何謂周圍地之「損害最少之處所及方法」，審理法院不受當事人聲明之拘束，得依職權認定之。

五、確定通行範圍及方法之訴之當事人

　　確定通行範圍及方法之訴應由主張通行權之人為原告提起之。有通行權之人除袋地所有人外，地上權人、典權人亦得為之，即其他袋地利用人學者主張亦得行使之。至此訴訟之被告，周圍地所有人應屬適格之被告固無疑，學者有謂周圍地之地上權人、地役權人等物權的利用權人亦得為被告者(註一四)。吾人以為確定通行範圍及方法之訴為形式的形成之訴，其容認之判決，將使其周圍地之所有權受限制，故僅得對周圍地所有人主張之，至周圍地之地上權人、地役權人等物權的利用權人，因通行範圍（及方法）確定之結果，其地上權、地役權等亦受限制，惟此項限制係因所有權限制反射之結果，故吾人不認周圍地物權的利用權人亦為適格之被告。從而如周圍地物權的利用權人亦爭執有通行權人之通行權或有妨礙有通行權人通行時，有通行權人應對周圍地所有人提起確定通行範圍（及方法）之訴，並對周圍地物權的利用權人提起（確認通行權存在及）排除妨害通行之訴，而非對周圍地物權的利用權人提起確定通行範圍（及方法）之訴。周圍地所有權係數人所共有者，訴訟標的對於該數共有人必須合一確定，自須以全體共有人為被告起訴，當事人始為適格。至袋地所有人有數人時，如由數人起訴主張，對該數人言，係屬必須合一確定，如僅由一共有人起訴，因通行之主張，不必由全體共有人為之，應不生當事人不適格問題。再袋地所有人須經相鄰數筆土地始能與公路有適宜之通路時，就通行之行徑言對該數筆土地有牽連關係，但係各筆所有人之所有權個別受限制，無必須合一確定關係，故無以之為共同被告一起被訴之必要，縱原告以之為共同被告起訴，法院亦非不得分別對之為不同結果之判決。

註一四　參照史著，前揭書，第九十六頁，並謂依德國民法解釋，地上權人、地役權人亦得為被告(Wolff, Lehrb, Sachenrecht, s. 76 Anm. 13)。

六、確定通行範圍及方法之訴之審理

提起確定通行範圍及方法之訴，須具備一般訴訟要件，如不具備訴訟要件時，其可補正者，審判長應限期命為補正，如逾期不補正或不能補正者，法院應即駁回其訴，固不待言。如已具備訴訟要件，法院即應審查其實體要件是否具備，惟法院審查原告主張之必要通行範圍及方法，不受當事人聲明之拘束。蓋形式的形成之訴，其實體的要件欠缺，須由法院依合於目的性的予以補充，故於此訴訟，職權主義之色彩相當濃厚。兩造對於法院判決所確定之範圍及方法均可表示不服提起上訴，上訴法院亦不受不利益變更禁止原則(Das Verbot der reformatio in peius)之限制，得依其審理結果，另為適當之確定。原告對於通行地因通行所受損害，依民法第七百八十七條第一項規定，固應對被告支付償金，惟土地之相鄰關係，係基於相鄰土地所有權之利用關係所生，並非基於相鄰土地所有人之雙務契約，償金亦非通行土地對價(註一五)，縱通行權人未支付償金，周圍地所有人亦不得為同時履行之抗辯，只得另以訴或反訴主張之。

七、確定通行範圍及方法之訴之判決效力

確定通行範圍及方法之訴，係形式上之形成之訴，其訴如被判決駁回確定，若訴係由袋地所有人提起者，該判決即為確認鄰地通行權不存在，該判決之既判力，不僅及於袋地所有人及袋地所有權之受讓人，對於袋地之其他土地利用人亦應解為為既判力所及。蓋袋地所有人之所有權已確定的不能擴及鄰地而為通行，則繼受其所有權（訴訟標的）作用之一部之土地利用人，　亦無該權利可得主張(Derivativa postestas non potest esse major primitiva)，而應為既判力之所及。反之，由袋地其他土地利用人提起之確定通行範圍及方法之訴或確認通行權存在之訴受敗訴判決，因袋地所有人並非繼受袋地其他土地利用人之權利，自不為該判決既判力所及。至法院所為確定通行範圍及方法之判決，則為形成判決，

註一五　參照謝著，前揭書，第二二四頁。姚著，前揭書，第八十七頁。

該判決有對世之效果，其效力及於第三人，故袋地之其他利用人亦得通行該範圍內之周圍地，如周圍地所有人否認其權利時，得提起確認之訴或排除妨害通行之訴解決之。

八、對於本件訴訟之判決評析

㈠就第一審判決言

依判決書之記載：原告本位之訴部分，由其事實欄之記載，係主張伊所有之土地係袋地，通行被告所有之a、b土地已歷百年而有通行權，因雙方對此爭執而請求判決對a、b地有通行權存在。依此事實，原告究在主張鄰地通行權曾有協議，抑因百年通行而取得通行地役權尚不清楚。蓋如係以通行百年而認已有通行之協議，依前述三㈠之說明，固得提起確認鄰地通行權存在之訴，但原告必須對於有協議之事實負舉證之責。惟第一審判決就本訴a部分為原告勝訴之判決，但對此點則未加認定說明，且就原告請求被告除去障礙物，不得妨害其通行權部分，亦未附理由而予駁回，均值商榷。再如原告主張其通行百年之意思係在主張通行地役權時，則原告本位之訴所為聲明，則顯有瑕疵。第一審法院未加闡明清楚即予判決，非無可議。又就備位之訴言，第一審雖將此部分之訴全部判決駁回。惟可討論者，原告備位之訴關於請求被告同意a、b地作為通行道路與除去地上障礙物，不得妨害原告通行部分，與本訴間有無排斥關係(註一六)？能否謂為備位之訴？又關於除去障礙物，不得妨害通行部分與本位之訴間，是否屬同一之訴？均有待推闡明晰，此與裁判之形式及駁回之理由均有不同。

㈡就第二審判決言

依判決事實欄之記載：上訴人（即第一審被告）除請求判決：將原判決除駁回被上訴人其餘之訴及假執行之聲請部分外廢棄，駁回被上訴

註一六　關於備位之訴與本位之訴間應否有排斥關係，學者間固有不同見解，但實務上係採肯定說。詳拙著，《民事訴訟法（上）》，三民書局，八十八年增訂新版，第二一九頁以下。

人第一審之訴，並駁回被上訴人之上訴外，且預備聲明請求准被上訴人就上訴人所有如附圖a、b_1、b_2、b_3部分暫時通行，期間至被上訴人之土地連接×街開闢完成時為止，被上訴人應將上述准其通行部分之土地返還上訴人並按年給付上訴人補償金。被上訴人亦對其敗訴部分上訴。在此成為問題者為上訴人之預備聲明之性質。按訴訟上稱預備之訴之聲明為預備聲明或備位聲明，所謂預備之訴係指原告對於同一被告預慮其所提起之訴（本位之訴）有受判決敗訴之虞，而合併提起不能併存（或相排斥）之訴訟而言。訴係由原告所提起，亦僅原告有合併提起預備之訴可言。被告除得於本訴繫屬中對於原告提起反訴外（民事訴訟法第二百九十五條），並無提起預備之訴可言，自無所謂預備聲明。此與被告對於原告之攻擊方法，作預備的抗辯不同。本件被告（上訴人）在第二審為預備之聲明，已為原告（即被上訴人）所爭執，第二審判決竟謂上訴人之此項聲明，為不變更原告之訴訟標的而為補充事實上之陳述，於原告無礙，觀之民事訴訟法第二百五十六條第一款自明，殊難認為訴之追加云云，並據此預備聲明宣告本件鄰地通行權之通行期間至原告所有之土地連接之×街開闢完成為止，然後由原告將通行之土地返還被告。其對民事訴訟法第二百五十六條第一款規定有嚴重誤解，不待詳言；且既謂非訴之追加，又未認定被告之預備聲明為反訴之聲明，竟依此聲明為如被告聲明之有利判決，更屬訴外裁判(註一七)。再就此部分判決內容言：按鄰地通行權係因相鄰關係使周圍地所有權內容受限制，並非袋地所有人因而取得獨立之他項用益物權，除通行周圍地之必要性消滅，鄰地通行權亦歸消滅外，與袋地所有權併存，依第二審判決認定之事實，原告

註一七　本件被告於八十四年間曾據此判決聲請法院對原告強制執行關於返還土地部，經第一審法院裁定駁回其聲請（臺灣臺中地方法院八十四年度執字第八八五一號），但第二審法院將原裁定廢棄（臺灣高等法院臺中分院八十五年度執字第七九七號），似僅注意執行名義之執行內容，而未注意執行名義之債權人適格要件。

所有之土地於×街開闢完成時，因通行必要性已消滅，而鄰地通行權消滅，即無待法院於判決主文中另為宣告，且鄰地通行權亦可能早於×街開闢完成前因另有公路可通而消滅，故第二審法院之此項宣示是否必要，不無疑問；又關於補償金之給付部分，被告並非以反訴為請求，而補償金之給付亦不構成通行權之對待給付有如前述，第二審判決命原告給付被告補償金，已屬違法，且未諭知給付償金之起算日期，使償金給付之日無從起算(註一八)，不無瑕疵。其次本件兩造就第一審所為判決均提起上訴，依判決之理由觀之，似係對於兩造就鄰地通行權之有無及其範圍有爭執而判決，依前三㈡之說明，原告應提起確定通行範圍之訴，以形成判決形成通行權之範圍，第二審判決未加闡明，遽依確認判決處理，不無可議；若依確定通行範圍之訴之型態處理，則所判通行範圍雖就a部分與第一審判決相同，但b_1、b_2、b_3部分不同，則第二審判決與第一審判決所確定之通行範圍並不相同，第二審判決似應將第一審判決所定通行範圍廢棄，並依自己之認定，另為新通行範圍之諭知，始符合形成判決之意旨。再上訴人（被告）之預備聲明中關於請求准被上訴人（原告）就上訴人所有a、b_1、b_2、b_3土地暫時通行，期間至被上訴人土地連接之×街開闢完成為止部分言，關於暫時通行至×街開闢完成為止云云部分並無意義已如上述，則此聲明是否有認諾之性質，亦值推敲。

㈢就第三審判決言

　　被告不服第二審不利部分之判決提起第三審上訴，惟因第三審判決駁回上訴之理由過於簡略，不詳其上訴聲明之範圍及所持上訴理由。惟第二審判決之違背法令有如上述，依民事訴訟法第四百七十五條第二項規定：第三審法院調查第二審判決有無違背法令，不受上訴理由之拘束。第三審法院未依此規定對第二審判決加以糾正，不無遺憾。

註一八　按償金之支付義務何時起算？民法對此未明文規定，通說認為應於通行權確定時起算（參照謝著，前揭書，第二二四頁。史著，前揭書，第九十五頁。鄭玉波著，《民法物權》五十年增訂版，第八十七頁）。

〔參〕結　語

　　因鄰地通行關係之爭執，須以訴訟解決時，袋地所有人或其土地之利用人，如何主張民法第七百八十七條第一項之通行權？涉及該權利之性質、訴訟之性質。惟學說及實務對此甚少闡述。偶然獲有本文所引全案各級法院判決，迺不揣簡陋，試提出不成熟之看法，期能拋磚引玉，引起大家研究、指正。

重疊合併提起之訴之審判

——試評釋最高法院八十七年度臺上字第二六〇二號判決

要　目

（本文原載於《政大法學評論》，第六十一期）

重疊合併提起之訴之審判
——試評釋最高法院八十七年度臺上字第二六○二號判決

〔壹〕前　言

　　本文係以最高法院八十七年臺上字第二六○二號判決，就競合合併之訴，認高等法院就競合合併提起之數訴，均為有理由，而為原告勝訴判決時為違法。對於最高法院判決所持見解，認有值得商榷之處，欲就民事訴訟法上關於競合合併之訴之理論，參酌日本學界之意見，作深一層討論，並就此型態之訴所生諸問題，提出些許拙見，期有益實務界及學界諸先進之對此類訴訟型態之探討。

〔貳〕第二審判決確定之事實

　　甲向乙承租房屋，約定租期為八十二年五月二十二日至八十三年五月二十七日，月租金新臺幣（下同）七萬三千五百元，保證金二十萬元。甲雖欠八十三年三、四月份租金，但依土地法第九十九條、第一百條規定，以保證金抵付租欠後，所欠租金額未達二個月租金之額度，乙於租期屆滿前終止租約，自不生效。乙對自甲屋內取去製傢俱用木材三十五片並已出賣與訴外人之事實自認，雖謂該木材因火燒灌救，已浸水腐蝕，但由證人吳○○及粘○○之供證足認該木材並未因火災被水浸蝕。而該木材之價值經鑑定估價結果，共價七百七十七萬元。況甲於租期屆滿後，並未遷出，自亦不得將其視為放棄之遺留物，因認甲本於侵權行為及不

當得利之法律關係，請求乙給付二百五十萬元（一部請求）及法定遲延利息即屬正當。

〔參〕第三審判決意旨

第三審將原判決廢棄，發回原法院，其發回意旨：「按重疊之合併起訴，係主張數宗請求，以單一之聲明，達其數請求之同一目的，原告所本之請求，其中之一為有理由時，即可為勝訴之判決。如認原告所主張之數項請求均有理由，而為其勝訴之判決，則為法所不許。原判決認被上訴人（即甲）所主張本於侵權行為及不當得利法則為本件請求，均屬有據，而維持第一審所為命上訴人（即乙）給付二百五十萬元本息之判決，顯為違誤，上訴論旨，指摘原判決不當，求予廢棄，非無理由」。

〔肆〕評　釋

上述最高法院所持見解，可能沿襲同院七十一年臺上字第二三八八號判決之旨意：「被上訴人本於上訴人無權占用系爭房屋之同一事實，依據侵權行為或不當得利之法律關係，請求上訴人賠償損害或返還不當得利，此種起訴之形態，學者謂之重疊的訴之合併；訴訟標的雖有數項，而僅有單一之聲明，法院應就原告所主張之數項標的逐一審判，如其中一標的之請求為無理由，仍須就他項標的之請求審判，若認其中一項請求為有理由，則可為原告勝訴之判決，就他項標的無須更為審判。法院就數項標的同時判決，則為法所不許。」（刊《最高法院民刑事裁判選輯》，第三卷第二期，第四十三頁）而來，其間據聞最高法院曾於七十五年第五次民庭會議決議，加以修正為：「被上訴人本於上訴人無權占用系爭房屋之同一事實，依據侵權行為及不當得利之法律關係，請求上訴人賠償損害或返還不當得利，此種起訴之形態，學者謂之重疊的訴之合併；訴

訟標的雖有數項，而僅有單一之聲明，法院如認其中一項標的之請求為
無理由時，仍須就他項標的之請求審判，若認其中一項請求為有理由，
即可為原告勝訴之判決，就他項標的無須更為審判」。擬作為判例初
稿(註一)，但未經司法院核定公布為判例。對於上述第二三八八號判決，
個人前曾為文評釋(註二)，民事訴訟研究會第二十九次研究會，亦由楊建
華教授主講與會教授加以研討(註三)，惟多偏重於重疊合併之訴可否擇有
理由之一訴判決即可？及可否由法院為選擇之討論。對於法院可否對重
疊之數訴中，同時就其中二個或二個以上合併之訴為判決？若為判決時，
其效力如何？則未詳加討論。實務界對此，亦未見有討論，故願藉本號
（第二六〇二號）判決，再作評釋，就教於實務界與學界，敬請指教。
並祝賀　恩師姚教授瑞光先生八秩嵩壽。

一、重疊合併提起之訴之構造

　　關於重疊合併之訴（或謂競合合併之訴）之意義，學者間所下定義
未盡相同，惟仍有其共同之點，簡述如下：

　⑴石志泉先生認重疊之合併或稱競合之合併，原告合併起訴主張數項
　　請求，其請求之標的為同一給付，或合併提起數宗形成之訴，可致
　　同一法律上之效果者。其所舉之實例，則係本於租賃契約「及」所
　　有權請求返還某物，或主張數種離婚原因提起離婚之訴(註四)。

註一　參照楊建華文，〈重疊（競合）訴之合併與選擇之合併〉〔刊載於民事訴訟法
　　　研究會編印，《民事訴訟法之研討(三)》，（以下簡稱研討(三)），第二五三至三
　　　二九頁〕。
　　　但於最高法院出版之《最高法院民刑事庭會議決議彙編》（七十八年十月）
　　　中，並未載有此項決議文。
註二　參照拙著，《程序法之研究(二)》（以下簡稱研究(二)），第二十一至四十一頁。
　　　其中若干意見於本文有變更。
註三　參照研討(三)，第二五七至二五八頁。
註四　參照石志泉著《民事訴訟法釋義》，（四十五年第二五二頁）。

⑵張學堯先生對於重疊訴之合併之意義，係謂原告本於數種請求或權利，對於同一被告，主張其可得兩立之請求，以單一之聲明，要求法院為同一之判決。其所舉之例，亦謂本於租賃契約「及」所有權返還某物，或終止收養關係之訴，主張數種終止收養關係之原因(註五)。

⑶余覺先生對於重疊的合併，謂原告合併起訴，主張數宗請求而數宗請求為同一目的者(註六)。

⑷姚瑞光先生認重疊之合併或稱競合之合併，即原告主張數宗請求合併起訴，數請求之目的同一，訴之聲明僅有一個之訴之合併。其所舉之例，亦為原告本於交付買賣價金「及」票據債權，訴請被告給付五十萬元，或原告本於與人通姦「及」不堪同居之虐待二種法定原因，訴請與被告離婚(註七)。

⑸王甲乙、楊建華、鄭健才先生合著，認為競合之合併即為重疊之合併，乃係同一原告對於同一被告，有得相互獨立之數種權利，而此相互獨立之數種權利，係有同一目的，基於各該權利於同一訴訟程序以單一之聲明，要求法院為同一之判決是也(註八)。

⑹蔡章麟先生稱為競合合併，認原告合併起訴主張數宗請求，而其請求同一目的者，例如本於租賃契約「及」所有權提起返還房屋之訴是(註九)。

⑺黃亮、黃棟培先生認原告合併起訴主張數宗請求，而其數宗請求為同一目的，且其請求僅為一個訴之聲明，是謂競合合併，亦稱重疊

註五　參照張學堯著，《中國民事訴訟法論》，四十六年，第二二四頁。

註六　參照余覺編著，《民事訴訟實用（中）》，三十六年，第四十一頁。

註七　參照姚瑞光編著，《民事訴訟法論》，七十六年，第三一九頁）。

註八　參照王甲乙、楊建華、鄭健才著，《民事訴訟法新論》，八十二年，第二五九頁。

註九　參照蔡章麟著，《民事訴訟法(一)》，四十四年，第二五〇頁。

之合併。其所舉之例，為本於票據債權「與」本於借貸契約，請求支付一定金額之訴，或債務人提起執行異議之訴時，主張數種消滅債權人請求之原因是(註一○)。

(8)曹偉修先生認重疊之合併或稱競合之合併，即原告對於因被告本於複數請求權合併起訴，而其訴之聲明則為單一。其所舉之例，如本於所有權「及」使用借貸契約，請求返還其借用物，或提起離婚之訴，主張數種離婚原因是(註一一)。

(9)吳明軒先生認重疊之合併或稱競合之合併，即同一原告對於同一被告，為同一目的主張數項法律關係，請求法院依其單一之聲明而為判決之訴之合併。其所舉之例，為本於同一原因事實而生之損害賠償「及」不當得利請求返還現金一萬元是(註一二)。

(10)陳榮宗、林慶苗先生著則謂：競合合併又稱為重疊合併，即原告主張數種獨立之請求，合併起訴，該數種請求之目的同一，聲明僅有一個之合併。更分為二類，一為合併起訴主張數項請求，其請求之標的為同一給付者。一為原告起訴數宗形成之訴，可致同一法律效果者(註一三)。

拙著認：重疊合併亦稱競合合併，即原告合併起訴主張數請求，以單一之聲明，達其數請求之同一目的之合併之訴(註一四)。

綜上各學者對於重疊合併之定義，雖各有不同之表述，但其構造，則有下列三個共同特徵：

1.原告提起之一宗訴訟中，包含有數個獨立之請求，即數個訴訟標

註一○　參照黃亮、黃棟培著，《民事訴訟法釋論》，五十九年，第四四二頁。

註一一　參照曹偉修著，《民事訴訟法釋論（上）》，六十一年，第八一一頁。

註一二　參照吳明軒著，《中國民事訴訟法（中）》，七十四年，第七一二頁。

註一三　參照陳榮宗、林慶苗，《民事訴訟法論》，八十五年，第三五○頁。

註一四　參照拙著，《民事訴訟法論（上）》，八十三年，第二一○頁。研究(二)，第三十四頁以下。

的(註一五)。

2.原告基於各訴訟標的，皆可對同一被告為同一之請求或可致同一之法律上效果。

3.原告在該宗訴訟之應受判決事項之聲明為單一。

依上述重疊合併之訴之共同表徵，本號判決，將本件以單一之聲請，依侵權行為「及」不當得利之法律關係所為之請求，認係重疊合併之訴，應無異論。

二、重疊合併提起之訴，數訴間之關係

重疊合併之訴，從當事人訴訟之需求，及訴訟經濟之觀點言，不僅理論上可承認其存在，在實務上，亦承認此種客觀合併之訴之訴訟型態。值得討論者為原告在同一宗訴訟所主張之數請求（訴訟標的）間，處於如何之關係？

1.原告起訴時，就達成同一聲明所主張之數訴訟標的，指定有一定之次序之情形：即原告於起訴時，聲明為甲，並以A、B為訴訟標的，同時主張先審理A訴訟標的，如A訴訟標的不能成立時，再審理B訴訟標的。即於起訴時，就法院審判時，對於A、B二訴訟標的定有次序之別。此種情形，類似預備的合併(註一六)。惟目前學者通說或實務上，似不承認此種預備合併之訴。但從尊重當事人之處分權及當事人程序權之立場言，當事人將合併提起之數訴，定其次序，請求

註一五　此之訴訟標的係指傳統訴訟標的理論下之意義而言。在新訴訟標的之理論下，則為獨立的攻擊防禦方法，而非訴訟標的（參照拙著，（上），第一九九頁以下。研究(二)，第二十六頁，陳等著，前揭書，第三五一頁）。

註一六　我國學者通說及實務上對於預備合併之訴之提起，認須合併之二訴須互相排斥或不能併存始可（參照姚著，前揭書，第三一六頁。王等著，前揭書，第二五九頁。最高法院六十四年臺上字第八二號判例）。故於此情形，並不能成立預備合併之訴。惟學者有認二訴不必有互相排斥或不能併存關係者（參照拙著，研究(二)，第二〇九頁註六）。

法院依序審判，於一訴成立時，即不必審理他訴，似無特別予以限制之必要。

2. 原告起訴時，就達成同一聲明所主張之數訴訟標的，並未指定其審判之次序時，法院是否應就原告合併提起之數訴訟標的，合併審判合併判決？對此學者意見不一：

(1)有主張法院不論原告主張之數訴訟標的是否全部無理由，均須一一加以審理，如全部為無理由者，固無為駁回原告之訴之判決，即一部有理由，一部無理由者，應就有理由之部分為如原告聲明之判決，並將無理由之部分，諭知原告其餘之訴駁回者(註一七)。

(2)有主張原告主張之數請求權，有一為無理由，而他請求為有理由時，仍應認原告之訴為有理由，因原告之聲明僅有一個且單一，自無從分為兩部分，就其中一部分為駁回原告之訴者(註一八)。

(3)有主張，除原告全部之主張均無理由，法院應判決駁回原告之訴，法院得選原告之請求中有理由之一請求而為原告勝訴之判決，就其餘之主張（縱經審理）亦不為裁判者。日本自兼子一教授以來，多數學者採此見解，故在日本學界稱此類型之合併為選擇的合併或擇一的合併者(註一九)。

從理論上言，原告提起單一聲明並主張數訴訟標的之合併之訴，如未就其主張之數訴訟標的，區分其審理之次序，法院就此同時提起之數訴，除依民事訴訟法第二百零四條命分別辯論者外(註二○)，就全部訴訟標的，應為同時審理，並於同時達可為裁判之程度，為全部終局判決(註二一)。於原告主張之數訴均無理由時，諭知原告之訴駁回。若原告

註一七 參照陳等著，前揭書，第三五八頁。楊建華先生著，《問題研析民事訴訟法(一)》，七十四年，第二一○頁。石著，前揭書，第二八四頁。

註一八 參照姚著，前揭書，第三○五頁。

註一九 參照拙著，研究(二)，第二八頁以下。陳等著，第三五一頁。

註二○ 於重疊合併之訴，法院應不得分別為一部終局判決。請詳後述。

之數訴為一部分之訴為有理由，一部分之訴為無理由時，應分別就有理由者，為原告勝訴之判決，如原告有理之訴有二個以上，因原告係以單一之聲明起訴，法院為原告一個如聲明之勝訴判決，即足以滿足原告起訴之目的，故不必逐一為原告數個同內容之勝訴判決；就原告無理由之訴部分，應為原告其餘之訴駁回之判決(註二二)。如此始不致發生裁判有脫漏之情形。然從原告提起重疊合併之目的，與訴訟經濟之觀點言，上述理論上之審判方式，未必盡合原告起訴之目的，且有浪費司法資源，不合訴訟經濟之情形，而有主張法院可擇一原告有理由之訴，予以審理及判決既可者。如此原告訴訟之目的既達，法院及當事人均可節省對於其他訴訟之進行。　此即日本學界稱其為選擇合併或擇一合併之訴之緣由(註二三)。於此情形下，法院就重疊合併之訴，可依民事訴訟法第二百零四條規定，命就原告主張可能有理由而較易於終結之訴部分先辯論，如原告之訴有理由時，即為原告勝訴之判決，此種原告勝訴判決，依前說明，已滿足原告起訴之目的，故為全部終局判決，而非一部終局判決。若審理結果，原告之訴為無理由，不可遽為一部敗訴之終局判決，法院應就其他之訴為審，如其他之訴，原告為有理由時，仍應為原告勝訴之全部終局判決。必待原告之訴全部為無理由，始為原告敗訴之全部終局判決。如此處理，雖與訴訟法上客觀合併之訴之理論未盡相符，但既達當事人訴訟之目的，又合訴訟經濟之要求，故可予以支持。本號判決

註二一　於重疊合併之訴，法院應不得為一部終局判決。詳如後述。

註二二　原告提起重疊合併之訴時，雖係以單一之聲明為之，形式上固只表明一個聲明，然既係數訴之合併提起，實質上應有相同之數聲明，惟原告訴訟之目的，既以有其中之一獲勝訴，即滿足其需求，故以單一聲明之形式，記載於起訴狀，否則其他無聲明之訴，將欠缺訴之要件矣（參照拙著，研究(二)，第三十七頁）。

註二三　須注意者，日本學界所稱擇一合併或選擇合併，與我國一般學者所稱選擇合併不同，參照註一九。

要旨前段謂「重疊之合併起訴……原告所本之請求，其中之一為有理由時，即可為其勝訴之判決」云云，就此而言，基於上述理由，吾人亦表贊同。

三、法院就原告主張數有理由之訴，均予判斷時，是否違法？

如上述討論，除原告於起訴時，已表明就其起訴之數訴，定其審理次序，而於第一次序已滿足原告之請求，其第二次序以下之訴部分，原告並未要求繼續審判，法院若竟加審判，則其審判顯屬當事人未聲明之事項為判決，違背民事訴訟法第三百八十八條規定，法院應就訴訟外裁判之部分廢棄；不得將全部判決廢棄，發回原法院更為審理，否則即違反不利益變更禁止之原則(註二四)(Das Verbat der reformatio in peius)。若原告於起訴時，並未就合併提起之數訴，指定其審理次序，依前開討論，理論上，法院就該數訴本即應為全部審理，全部判決。吾人基於當事人提起重疊之訴之目的及訴訟經濟，節省司法資料之需求，固贊同於重疊之訴，法院得選擇原告有理由之一訴為原告勝訴之全部終局判決，但理論上，仍有對原告合併起訴之其他訴訟未為判決之情形，該未為判決之訴部分，訴訟繫屬如何使其消滅？或可解為重疊合併提起之數訴，係以其中一訴有理由為解除條件而撤回其餘之訴；或解為就未判決之訴部分，因未聲請補充判決而視為撤回，使訴訟繫屬消滅。就解釋未判決之訴發生訴訟繫屬消滅效果之說明，吾人雖較贊同前說(註二五)，但並非謂法院僅得就有利之一訴為判決，而不得及於其他，蓋第一審法院（第二審亦

註二四　參照拙著，〈不利益變更禁止之原則〉(刊載於民事訴訟法研究基金會編，《民事訴訟法之研討(七)》，第二九五頁以下)。

註二五　蓋如採後說，依民事訴訟法第二百三十三條第二項規定，未於判決送達後二十日不變期間聲請補充判決時，則未判決之其他訴訟即撤回確定，於對造上訴，而第二審法院認第一審判決就該標的部分係違法不當將予廢棄時，既無從就他訴訟標的為審理。

同）認原告主張之二訴訟標的均為有理由，而為原告勝訴之判決時，雖浪費部分訴訟程序，但仍在當事人所聲明之範圍內為裁判，應不生違法問題，否則當如將原判決全部廢棄，發回由法院更為審理時，更徒增訴訟程序之浪費。最高法院判決要旨謂：「如認原告之數項請求均有理由，而為其勝訴之判決，則為法所不許」云云，不知其所以不許之理論基礎何在？就前引用同院第二三八八號判決，與其後作成之所擬判例初稿，吾人加以比較，可以發現，最高法院對於重疊合併之訴，似認法院可不必對全部之訴，逐一審判。此可由其刪除判決理由中「應就原告所主張之數項標的逐一審判」一語可知，而其刪除「法院就數項標的同時判決，則為法所不許。」一語，恐亦係認其欠缺理論基礎所致。本號判決，純以原判決認被上訴人所主張本於侵權行為及不當得利法則為本件請求，均屬有據，而維持第一審所為命上訴人給付二百五十萬元本息之判決，顯屬違誤為理由，廢棄原判決發回原法院更為審理，依前開說明，實值商榷。

四、重疊合併提起之訴裁判之上訴、審理及其既判力問題

㈠重疊合併之訴裁判之上訴及審理

　　重疊合併之訴，如對合併之數訴訟標的一一審理，而其審理結果，若合併之數訴均有理由或均無理由時，敗訴之當事人提起上訴，合併之數訴均移審於上級法院，固無疑問，如下級審法院審理結果，合併之數訴，為部分之訴有理由，部分之訴為無理由時，在主張應分別為勝訴敗訴判決之情形，受敗訴判決之當事人得就其敗訴部分上訴，其情形與單純合併之情形同，亦無問題。惟在主張此時僅為原告勝訴判決並於理由中說明某訴之請求無理由之情形，原告能否就被說明無理由之訴部分提起上訴？如不能上訴，上級審法院審理結果，認下級審法院為原告勝訴之請求為無理由時，能否對被下級審法院認為無理由之訴部分審理？如審理結果反認為有理由時，應如何裁判？即成疑問。而所謂不利判決，

學說上雖有「形式的不利」與「實體的不利」之分，因而當事人有「形式的不服」(Formelle Beschwerde)與「實體的不服」(Materielle Beschwerde)之不同(註二六)。就我國實務上觀之，似採「形式的不利」說(註二七)，果爾，原告對於該被說明無理由之訴部分，即不得提起上訴，上級審法院是否可以加以審理並裁判即不無疑問。倘認為求公平，上級審法院可以審理並裁判，於上級審法院認下級審法院認為有理之訴部分為無理由，無理由之訴部分為有理由時，上級審法院究應為上訴駁回之諭知，抑應廢棄第一審之判決，並就其認為有理由之訴部分，另為被上訴人勝訴之判決？亦屬問題。如依上述，法院對重疊合併之訴，為擇一之判決，法院就合併提起之甲、乙、丙三訴中，擇甲訴為原告勝訴判決時，因法院僅係就甲訴為原告勝訴之判決，故僅被告得提起上訴，惟乙上訴後，乙、丙二訴是否亦一併移審至上級法院，在日本學者固有不同意見，但通說及實務上，則認一併移審於上級法院(註二八)。吾人亦贊同之。蓋依民事訴訟法第四百四十八條規定，原告在第一審所為之訴訟行為，於第二審亦有效力。且在重疊合併之訴，數訴訟間之基本事實關係，常具有共通之關係，就當事人之審級利益言，亦無重大妨害，由訴訟經濟立場言，自以認有移審效力為宜。有問題者，為上訴經審理之結果，如認甲訴為無理由，而乙訴為有理由時，上訴法院應作如何之判決？對此有謂上訴法院仍應為駁回上訴者，有謂應廢棄原判決發回原法院者，有謂應廢棄

註二六　參照小室直人著，《上訴制度之研究》，有斐閣，昭和三十六年，第九頁。

註二七　參照最高法院二十二年上字第二五七九號判例。

註二八　兼子一著，《民事訴訟法體系》，酒井，一九六一年，第四一三頁。小室直人、賀集唱編，《新版民事訴訟法》，日本評論社，昭和五十六年，第二九一頁。中村英郎著，《民事訴訟法》，成文堂，昭和六十二年，第一七八頁。菊井維大、村松俊夫著，《民事訴訟法（II）》，日本評論社，昭和五十一年，第八十六頁。最高法院七十一年臺上字第二一一三號判決，亦曾採此見解（參照吳著，前揭書，第六八五頁）。

第一審判決，另為原告乙訴勝訴之判決，有謂僅須諭知原告乙訴勝訴之判決者(註二九)。吾人以為：重疊合併之訴，如容許法院選擇合併之數訴訟標的中，就有理由之一訴為判決之場合，上訴法院既認甲訴為無理由，乙訴為有理由，甲訴因解除條件之成就，而不能裁判，其情形類似訴之變更情形，法院自應就乙訴審理之結果，為原告勝訴之判決，對於甲訴部分，僅須於判決理由敘明即可(註三〇)，不可另諭知廢棄原判決。

(二)重疊合併之訴裁判之既判力

　　在主張重疊合併之訴，法院應就合併之訴，一一審理裁判之情形，如合併之數訴全部有理由或全部無理由，其判決之既判力，對合併之數訴均有既判力，自不待言。惟在合併提起甲、乙二訴，如甲訴有理由，乙訴無理由時，在主張法院應就甲乙二訴分別於主文諭示之情形，既判力及於甲、乙二訴亦無問題。有疑問者，為主張於主文中僅諭知甲訴勝訴判決之情形，乙訴部分，雖於判決理由中有說明，該乙訴部分，是否發生既判力，即不無疑問。按既判力除依民事訴訟法第四百條第二項或有特別規定者外，以該訴訟標的經表現於主文判斷者為限(註三一)。乙訴部分，既未於主文中諭示，是否可認已生既判力，難謂無疑。倘認乙訴部分可生既判力，則原告對於乙訴部分，能否獨立依上訴請求救濟？如果原告因甲訴有理由而不能對乙訴（無理由）部分上訴，是否有礙原告對乙訴訴訟權之行使？若可獨立上訴，是否應改採實體的不服說？原告對乙訴之上訴，有無上訴利益？有無權利保護必要，亦值深研。如法院擇一判決之情形，法院僅就合併數訴中有理由之一訴而為判決，自僅就該判決之訴部分，有既判力，其餘之訴則不生既判力(註三二)。有使訴訟

註二九　參照菊井等著，前揭書，第七十三頁。岩松三郎、兼子一編，《法律實務講座第一審手續(1)》，有斐閣，昭和五十九年，第一一六頁以下。

註三〇　參照拙著，研究(二)，第二八頁以下。

註三一　參照姚著，前揭書，第四四六頁。

註三二　有認此時判決之既判力及於合併提起之各訴者　（參照吳著前揭書第六八

簡化作用。須加說明者：如㈠最後之例，第一審認A訴為有理由，經上訴後，認A訴雖為無理由，但重疊合併之B訴有理由，改依B訴判決原告勝訴後，A訴部分依吾人之見解，在第二審已撤回，但因曾經第一審之終局判決，原告不得再就同一A訴起訴（民事訴訟法第二百六十三條第二項）。至於其他因原告其中之一訴已獲勝訴判決確定，其他合併之訴，因撤回未有既判力，原告固有另行起訴之可能，但除非原告有另為起訴保護之必要，否則衡情，原告不致濫行起訴，縱再濫行起訴，法院亦得以其訴無訴之利益而駁回之。

〔伍〕結　語

　　綜上討論，吾人以為重疊合併提起之訴，法院得選其中原告有理由之一訴而為全部終局判決，若法院就其中之數訴或全部之訴為判決，僅有判決既判力範圍大小問題，不生判決違法問題。最高法院八十七年臺上字第二六○二號判決意旨，對於「如認原告所主張之數項請求均有理由，而為其勝訴之判決，則為法所不許」部分，吾人認值得商榷，難以贊同。

　　五頁）。但似與民事訴訟法第四百條第一項之規定未盡相符。

小額訴訟程序簡介*

要　目

〔伍〕上訴、抗告、再審程序之準用

一、上訴程序之準用

二、抗告程序之準用

三、第五編之規定，於小額事件之再審程序準用之（第四
　　百三十六條之二十三第四項）

（本文原載於《法令月刊》，第五十卷第四期）

＊本文發表後民事訴訟法於八十九年二月又有修正，文中條文
　係修正前之條文。

小額訴訟程序簡介

〔壹〕概　說

　　小額訴訟係指關於請求給付金錢或其他代替物或有價證券之訴訟中，其訴訟標的金額或價額在新臺幣十萬元以下，適用小額訴訟程序之訴訟。按民事訴訟之目的，在公正地解決私權的紛爭，使人民私法上的權利獲得完整有效的保障，故在訴訟制度的設計上，向來偏重於審慎而正確裁判的程序保障。但經年實踐的結果，發現此種制度非常複雜，一般人民不易利用，其原因包括一般人民法律知識不足，過程繁瑣費時，且須支付過鉅的費用等，因而往往使一般人民尤其是中低收入的人民，視訴訟為畏途。司法不能親近請求救濟之人，使其有利用紛爭解決制度（司法制度）之機會，憲法上所保障之財產權、訴訟權、平等權反而不能落實。因此，審慎而正確裁判之程序保障原理，自有重新檢討之必要，其間雖亦有簡易訴訟程序之設計，但因許多訴訟之基本原則並未更易，故仍不能充分發揮簡易迅速解決一般人民間日常生活所引起之小額事件。有鑑於此，司法院民事訴訟法研究修正委員會乃參考美日小額訴訟制度，本於司法應為全民服務之理念，對於一般人民日常生活所生之小額紛爭，基於費用相當性之基本原理，使其更能簡易、迅速而省費的利用司法制度，解決紛爭(註一)，以提昇國民生活品質，用以貫徹憲法保障

註一　關於小額輕微事件處理程序之法理基礎，請參照邱聯恭著，《司法之現代化與程序法》，一九九二年，第二六六頁以下。梶村太市等編，《少額訴訟法》，青林，一九九四年，第三頁以下、三十六頁以下。

人民財產權、訴訟權、平等權之精神，而於民事訴訟法（以下簡稱本法，或直引條文）增訂小額訴訟程序一章，於八十八年二月三日經立法院修正通過。其主要內容如下：

1. 訴訟適用之對象，限於請求給付金錢、其他代替物或有價證券之訴訟，其訴訟標的之金額或價額在新臺幣十萬元以下之訴訟。

2. 排除以附合契約訂立之債務履行地條款及合意管轄條款。

3. 准許當事人選擇使用表格化訴狀。

4. 得於夜間或休息日進行程序。

5. 起訴前應經法院調解之小額事件，當事人一造於調解期日經合法通知不到場，法院得依聲請或依職權命為訴訟之辯論，並由一造辯論而為判決。

6. 得訊問當事人，以其陳述作為證據。

7. 法院認為調查所需費用、時間與當事人之請求顯不相當者，得不調查證據，逕行審酌一切情狀，認定事實，而為公平之裁判。

8. 簡化判決書，得僅記載主文、事實及理由僅就當事人爭執之事項，於必要範圍內加記理由要領，並得逕將判決書記載於訴狀或言詞辯論筆錄，亦得以表格化勾填。

9. 法院得為被告如按期清償則免除部分給付之判決，或定被告逾期不履行時，應加給原告之金額，以鼓勵小額事件之被告自動履行債務，以免原告需強制執行而增加勞費。

10. 限制當事人為訴之變更、追加或提起反訴，及不得為適用小額訴訟程序而為一部請求。

11. 成立和解時，得聲請退還已繳納裁判費二分之一。

12. 限制上訴，原則上於第一審確定。對於小額程序之第一審裁判上訴或抗告，非以其違背法令為理由，不得為之。

小額訴訟原係簡易訴訟程序中簡易訴訟之一種，故簡易程序第四百二十八條至第四百三十一條、第四百三十二條第一項、第四百三十三條

至第四百三十四條之一及第四百三十六條之規定，於小額訴訟程序準用之（第四百三十六條之二十三）。

〔貳〕小額訴訟之第一審程序

一、適格之小額訴訟

小額訴訟之提起，以關於請求給付金錢、其他代替物或有價證券之訴訟，且其金額在新臺幣十萬元以下之訴訟為限(第四百三十六條之八)。故請求給付金錢、其他代替物或有價證券以外之訴訟，或其金額或價額逾新臺幣十萬元之訴訟，或雖其金額或價額在新臺幣十萬元以下，但非給付之訴，例如確認新臺幣九萬元之訴訟，均非適格的小額訴訟，蓋在維持小額事件程序之單純化，以貫徹其簡速解決紛爭之目的也(註二)。關於請求給付金錢、其他代替物或有價證券之訴，其金額或價額在新臺幣五十萬元以下，當事人合意適用小額程序者，在尊重當事人程序選擇權，又不甚礙簡速解決紛爭之前提下，依同條第四項規定，亦得適用小額程序。惟其合意，須以文書證之。

依小額程序提起之訴訟，如非適格的小額事件，應以裁定改適用該事件所應適用之訴訟程序(註三)，不得依第二百四十九條第一項第六款以其訴為不合法裁定駁回。雖屬適格的小額事件，法院如認適用小額程序為不適當者，例如其案情繁雜或其他情事而不適於行小額程序情形，為保障當事人之程序權，法院得以裁定改用簡易程序(註四)。又為避免因承

註二　參照該條項提案說明。

註三　參照日本民事訴訟法第三百三十七條第三項第一款。

註四　是否改用簡易訴訟程序是法院之職權，當事人並無聲請之權，縱有聲請，法院亦不必為准駁之裁判。此點與日本法例不同，依日本民事訴訟法第三百八十六條規定，適用小額訴訟程序，須依請求為之，並須於起訴時，為此聲明。但於請求不適格之情形，法院應以裁定改用通常程序（小室直人監修，《新

辦法官更易而延滯訴訟，並規定其簡易程序仍由原法官繼續審理（同條第二項）。對於此項改用簡易程序之裁定，不得聲明不服（同條第三項），俾期訴訟程序之安定，並免延滯。

又小額程序係針對一般國民日常生活上發生之小額爭執所設之簡便訴訟程序，其程序有別於一般訴訟程序有如前述，自不應准許當事人利用一部請求之方式提起小額訴訟、減損小額程序之功能，增加訟累。故第四百三十六條之十六規定，「當事人不得為適用小額程序而為一部請求。但已向法院陳明就其餘額不另起訴請求者，不在此限」。準此，當事人如違反此規定為金額或價額在新臺幣十萬元以下之一部請求，又未陳明就其餘額不另起訴者，應以裁定改依簡易程序審理(註五)。如其已陳明不另起訴，嗣又另行起訴者，則應依第二百四十九條第一項第六款規定，以其訴不合法裁定駁回之。又依日本民事訴訟法第三百六十八條第一項但書規定對同一簡易法院就同一年度請求（依小額訴訟審理及裁判）超過最高裁判所規則所定之次數者（依民事訴訟規則第二百二十三條規定為十次），不得為之。並須於聲明請求時，呈報其次數（第三百六十八條第三項），對於適用次數設有限制，本法則無此項限制。

二、小額訴訟之管轄

小額訴訟程序在地方法院簡易庭之獨任法官前行之（第四百三十六條之二十三、第三百三十六條第一項）。並適用總則編關於管轄之一般規定，定其管轄法院。惟「小額事件當事人之一造為法人或商人(註六)者，

民事訴訟法講義》，法律文化社，一九九八年，第三二七頁）。

註五　日本民事訴訟法對於一部起訴，請求依小額程序審理及裁判，並無明文規定限制。學者謂於此情形，法院無拒絕之理由，但如當事人係以迴避小額訴訟範圍限制之目的，而為一部請求或試驗訴訟時，法院得依第三百七十三條第三項第四款規定，裁定改用通常程序（參考石崎實著，收載於塚原朋一等編，《新民事訴訟法の理論と實務》，平成九年，第二六五頁）。

註六　我國係採民商合一法典之國家，無商法典，則所謂商人並無法定定義，應解

於其預定用於同契約之條款，約定債務履行地或以合意定第一審管轄法院時，不適用第十二條或第二十四條之規定。但兩造均為法人或商人者，不在此限」（第四百三十六條之五）。蓋於小額訴訟事件當事人之一造為法人或商人，以其預定用於同類契約之債務履行地條款或合意管轄條款與他方訂立契約之情形，例如經銷商（不論是獨資、合夥或公司組織）所訂之商品分期付款買賣契約書中，印有契約履行地或合意管轄條款之情形，此種附合契約締約之消費者對此幾無磋商變更之餘地，為保護經濟上弱勢當事人因此約定而須遠赴對造預定之法院，故明定不適用第十二條及第二十四條，關於約定債務履行地管轄及合意管轄之規定。但若兩造均為商人或法人者，較無上述顧慮，自不受此限制。

三、小額訴訟之提起

小額訴訟亦為訴訟之一種，其訴之提起，得依一般訴訟程序之規定，以起訴狀提出於管轄法院（第二百四十四條），亦得準用簡易訴訟程序之規定，以言詞起訴（第四百三十六條之二十三、第四百二十八條），其以言詞起訴者，應記明於筆錄。為便利不諳法律規定之小額債權人起訴，並增進小額程序之簡速性，第四百三十六條之十規定：依小額程序起訴者，得使用表格化訴狀，其格式由司法院定之。

四、小額訴訟審理之特別規定

1.小額程序得於夜間或星期日或其他休息日行之（第四百三十六條之十一前段）

本來期日除有不得已之情形外，不得於星期日或其他休息日行之（第一百五十五條）以避免擾民。惟一般國民多於日間工作，小額訴訟若如一般訴訟在日間工作時間開庭，當事人常需請假訴訟，不符小額訴訟之利益，故規定小額程序得於夜間或星期日或其他休息日行之，俾方便訴訟程序之利用。但如於夜間、星期日或其他休息日開庭，對於當事人有

為商人係指以自己名義，從事商業行為之人（參照日本商法第四條）。經營商業即為從事商業行為。

不便時，當事人得提出異議（同條但書），一經異議，法院即不得再適用本條前段規定時間開庭。

2.一次言詞辯論終結訴訟

小額訴訟，法院應以一次期日辯論終結為原則（第四百三十六條之二十三、第四百三十三條之一）。為達此目的：

(1)小額事件依法應行調解程序者，如當事人一造於調解期日五日前，經合法通知無正當理由而不於調解期日到場，法院得依到場當事人之聲請，命即為訴訟之辯論，並得依職權由其一造辯論而為判決（第三百三十六條之十二第一項），以達一次期日終結訴訟之目的。蓋依第四百十九條第一項規定，法院得依一造當事人之聲請，命即為訴訟之辯論者，以兩造均於期日到場而調解不成立之情形為限，如一造不到場，法院即不得命為訴訟之辯論。又依同條第四項規定，調解不成立時，法院雖不待當事人之聲請，即應為訴訟之辯論，惟因指定之期日為調解期日，如當事人一造不到場，仍不能認其就言詞辯論期日已受合法通知，法院應延展期日，不得依他造當事人之聲請一造辯論而為判決。他造勢必經二次以上期日，始能終結訴訟獲得判決，與小額程序簡速之目的不合，故作特別規定。惟須注意者：①本條於一造須依公示送達者，不適用之。蓋依第四百零六條第一項第五款規定，於此情形，不屬應行調解之事件。②法院於發調解期日通知書時，應於通知書上記載不到場時遭一造辯論判決之效果（第四百三十六條之十二第二項），促使當事人注意，以保障其程序權。此項規定係注意規定，如法院之調解期日通知書，漏未記載不到場之效果，仍不影響到場當事人聲請權。

(2)法院應將起訴狀（或格式化訴狀）或筆錄（以言詞起訴者）與言詞辯論期日之通知書，一併送達於被告。就審期間至少應有五日（第四百二十九條）。使被告能有充分準備言詞辯論之時間。

(3)言詞辯論期日通知書應表明適用小額訴訟程序，並記載當事人務於

期日攜帶所用證物及偕同所舉證人到場(第四百三十六條之二十三、第四百三十條)。俾法院於期日完成調查證據程序，終結訴訟。

(4)當事人於其聲明或主張之事實或證據，以認為他造非有準備不能陳述者為限，應於期日前提出準備書狀，並得直接通知他造；其以言詞為陳述者(註七)，由書記官作成筆錄，送達於他造（第三百三十六條之二十三、第四百三十一條）。俾當事人能充分準備，一次完成辯論。

3.當事人得自行到庭為言詞辯論

當事人於法院通常開庭之日，得不待通知自行到場，為訴訟之言詞辯論（第三百三十六條之二十三、第四百三十二條）。此時當事人兩造均應到場，並偕同證人攜帶證據，俾能於期日內完成辯論。同時須注意承辦法官之時間，蓋雖在法院通常開庭之日，若是承辦法官已指定多件事件行辯論，或是日承辦法官休假或請假，亦無法即行訴訟之言詞辯論。

4.調查證據

為達迅速審理終結訴訟之目的，小額程序對於證據之調查，亦有特別規定：

(1)當事人聲明之證物或證人，於言詞辯論期日務由當事人攜帶該證物及偕同所舉證人到場。此觀言詞辯論期日通知書應記載事項（第四百三十六條之二十三、第四百三十條）自明。當事人未於言詞辯論期日攜帶證物或偕同證人到場時，除經通知已到場者外，法院即無法於一期日終結訴訟，為達小額訴訟速審速結之目的，在日本法上，其民事訴訟法第三百七十一條規定：調查證據以得即時調查之證據為限。故於上述情形，學者認為法院即可不予調查(註八)。本法並未

註七　依第四百三十六條之二十三準用第四百二十八條第二項規定：起訴及其他期日外之聲明或陳述，概得以言詞為之。故有以言詞為聲明或陳述之情形。

註八　參照小室監修，第三二九頁。依其說明，當事人所提出之文書，如需閱讀數週者，亦不得作為小額訴訟調查證據對象之證據。

有如日本相同之規定，能否作相同之解釋，不無疑問。此時，法院似可認適用小額訴訟程序為不適當，改依簡易訴訟程序處理。

(2)通知證人或鑑定人(註九)得不送達通知書， 依法院認為便宜之方法（例如電話通知）行之。但證人或鑑定人如不於期日到場，仍應送達通知書（第三百三十六條之三十三、第四百三十三條第一項）。

(3)法院認為適當或經兩造當事人同意者，得命證人或鑑定人於法院外，以書狀為陳述，同時應命證人或鑑定人具結(註一○)附於書狀，並經公證人認證後提出(註一一)（第四百三十六條之二十三、第四百三十三條第二項、第三項）。

(4)證人或鑑定人得以電信傳真或其他科技設備將前二項文書（即經認證之陳述書狀及具結）傳送於法院，效力與提出文書同。其辦法由司法院定之（第四百三十六條、第四百三十三條第四項）。

註九　在日本關於鑑定及現場勘驗認為不容於小額訴訟程序之構造（參照塚原等編，第二六九頁。法務省民事局參事室編，《民事訴訟手續に關する改正要綱試案補足說明》，平成五年，第六十四頁）。為依日本最高裁判所平成八年所頒日本民事訴訟規則第二百二十七條規定有關於鑑定人陳述之規定， 似不盡然。我國小額訴訟於第四百三十六條之二十三準用第四百三十三條時，是否準用鑑定人部分，不無疑問。如鑑定人不能於第一次言詞辯論時完成鑑定，提出鑑定報告，應認該事件適用小額程序為不適當。

註一○　日本民事訴訟法第三百七十二條第一項規定，訊問證人，得不令其宣誓。此在我國仍不能免，蓋用以擔保其陳述之真實性。

註一一　日本民事訴訟法第三百七十二條第三項係規定，裁判所認為適當時，得依最高裁判所規則（民事訴訟規則第二百二十六條）之規定，以裁判所及當事人雙方依聲音之接收發送方式而得同時通話之方法訊問證人。 使當事人有詰問證人之機會，較符合直接審理之原則。民事訴訟法修正草案（第二稿）第五項規定：證人所在與法院間有聲音及影像相互傳送之科技設備而得直接訊問，並經法院認為適當者，得以該設備訊問之。並應於訊問前或訊問後具結（第四項）。如將來經立法通過，將比日本更為先進。

(5)採用當事人訊問制度(Parteivernehmung)，以當事人之陳述作為證據
資料：在通常訴訟程序或簡易訴訟程序，法院如認為需就應證事實
訊問當事人本人，以期發見真實時，固可依第二百零三條第一款規
定命其到場，但其陳述僅得作為辯論意旨加以斟酌，不得直接作為
證據資料，如此往往使法院為發見真實，須另行調查證據，增添勞
費，有悖訴訟經濟原則，尤與小額程序簡速之目的不合。故第四百
三十六條之十三第一項規定，法院認為必要時，得依職權訊問證人，
以其陳述為證據。使當事人之陳述，得作為證據資料。又為加強其
陳述之可信度，同條第二項規定，審判長得於訊問前或訊問後命當
事人具結，並準用第三百十二條第二項、第三百十三條及第三百十
四條第一項之規定。當事人無正當理由拒絕陳述或具結者，法院得
審酌情形，認他造關於訊問事項之主張為真實（同條第三項），以加
強當事人對於訴訟之協助義務。小額程序如前所述，貴在簡速，以
一次言詞辯論終結為原則。則法院如認有訊問當事人之必要時，自
須於言詞辯論期日通知書同時載明本人須到場及不到場與拒絕陳述
之效果(註一二)。（惟依第四百三十六條之十三第四項及第五項規定
觀之，訊問當事人似在第二次言詞辯論時，果爾，與小額程序之基
本構造似不相符）。當事人經法院命其本人到場，無正當理由而不到
場者，視為拒絕陳述。但命其到場之通知書係寄存送達或公示送達
者，不在此限（同條第四項）。為促使當事人注意到場義務，同條第
五項規定，法院命當事人到場之通知書，應記載前項不到場及第三
項拒絕陳述之效果。以上規定於當事人之法定代理人準用之（同條
第六項）。

(6)基於費用相當性之要求，依第四百三十六條之十四規定：有下列各

註一二　依第四百三十六條之十三第五項規定，命當事人本人到場之通知書，似類
　　　似證人之通知書，而非言詞辯論期日通知書，果爾，似須對當事人本人發
　　　二種不同身分之通知書，有無此必要，亦值商榷。

款情形之一者，法院得不調查證據，而審酌一切情況，認定事實為公平之裁判。①經兩造同意者。②調查證據所需時間、費用與當事人之請求顯不相當者。以避免法院浪費太多時間、費用調查證據，致不符小額事件當事人之訴訟利益。例如某甲與某乙之汽車擦撞，致車殼稍許損壞，如須鑑定過失責任及修理費用，顯然調查須費多時及費用，此時法院得依兩造之同意或逕依職權審酌一切情況，認定事實為公平之裁判。

5.訴之變更、追加及提起反訴之限制

小額程序之目的在迅速、簡便解決小額事件之爭執，小額事件當事人為訴之變更、追加或提起反訴，自應於第四百三十六條之八第一項之範圍內為之。如逾此範圍，因訴訟種類、給付種類或給付之金額或價額逾新臺幣十萬元，則往往法律關係複雜，不易達小額程序迅速、簡便解決紛爭之目的，故應禁止。惟當事人合意繼續適用小額程序，並經法院認為適當（如法律關係尚屬簡單，不影響速審速結之情形），自無禁止之必要，且可免當事人另行起訴之不便，故第四百三十六條之十五規定：當事人為訴之變更、追加或提起反訴，除當事人合意繼續適用小額程序並經法院認為適當者外，僅得於第四百三十六條之八第一項範圍內為之，用資限制。

6.言詞辯論筆錄

小額事件之言詞辯論筆錄，經法院之許可，得省略應記載之事項，但當事人有異議者，不在此限（第四百三十六條之二十三、第四百三十三條之二第一項）。前項規定，於言詞辯論之遵守、捨棄、認諾、撤回、和解、自認及裁判之宣示不適用之（準用同條第二項）。可知為減輕書記官之負擔，言詞辯論筆錄得不依第二百十二條至第二百十四條規定，除關於言詞辯論之遵守、捨棄、認諾、撤回、和解、自認及裁判之宣示不得省略外，經法院之許可，且當事人無異議者，得省略應記載之事項。法院為此項許可時，應使當事人有知悉之機會並記明筆錄，俾當事人有

異議之可能。關於證人、鑑定人之陳述，勘驗所得之結果等事項，如足以影響於判決者，則不宜任意省略，俾第二審法院於判斷原判決有無違背法令（例如採證有無違背證據法則）時，有所依據。依日本民事訴訟規則第二百二十七條規定，不做證人等之筆錄，但必要時，得以錄音帶記錄之(註一三)。似較我國簡便，值得參考。

　7.職權一造辯論判決

　　言詞辯論期日，當事人一造不到場者，依第三百八十五條規定，固然依到場當事人之聲請，由其一造辯論而為判決，但不到場之一造當事人經再傳而不到場者，始得依職權由一造辯論而為判決。小額程序貴在簡速審理終結訴訟，故依第四百三十六條之二十三準用第四百三十三條之三規定，言詞辯論期日，當事人一造不到場者，法院得依職權由一造辯論而為判決，以為因應。

五、小額訴訟和解之鼓勵

　　為鼓勵小額事件當事人成立訴訟上和解，以息爭訟，並減省勞費，第四百三十六條之十七規定，小額事件於第一審程序成立和解者，原告得於和解成立之日起三十日內聲請退還已繳裁判費二分之一。須注意者，依本條之規定退還者，僅屬裁判費部分，其他訴訟費用則不能減半退費。又須限於在第一審成立和解者，始有適用。當事人於和解時，就訴訟費用有約定，而由被告負擔者，在計算其負擔之費用時，自應扣除所繳裁判費之半數。而由原告聲請退還預繳之半數。原告聲請退費時，應於和解成立之日起三十日內為之。審判長於成立和解時，宜告知原告得為退費之聲請，以資便民。

註一三　日本民事訴訟規則第二百二十七條規定：筆錄無須記載證人等之陳述（第一項）。詢問證人或鑑定人前，如有法官之命令或當事人之聲請，為供當事人於裁判上加以利用，　法院書記官應將證人或鑑定人之陳述以錄音帶等記錄之。此種情形，如有當事人之聲明者，法院書記官應允許複製前揭錄音帶。

六、小額訴訟之判決

　　小額事件之判決書，除得依第二百二十六條規定製作正式判決書，或依第四百三十六條之二十三準用第四百三十四條規定製作簡易判決書，或命將判決主文及其事實理由之要領記載於言詞筆錄，不另作判決書，及準用第四百三十四條之一，於合於該條所定三種情形之一時，得僅記載主文外，為配合小額程序簡速之要求，第四百三十六條之十八，復有更簡化及表格化判決書製作之規定：「判決書得僅記載主文，就當事人有爭執事項，於必要時得加記理由要領」（第一項）而不必記載事實。「前項判決得於訴狀或言詞起訴筆錄上記載之」（第二項）。「前二項判決之記載，得表格化，其格式及正本之制作方式，由司法院定之」（第三項）。其判決正本，自應按原本複製，由書記官簽名，蓋用法院印信，送達於兩造當事人（第二百二十九條第一項）。法院為被告敗訴之判決時，應依職權宣告假執行（第四百三十六條之二十），俾便利小額程序之勝訴當事人早日實現其權利。同時法院於為訴訟費用之裁判時，除諭示負擔費用之義務外，並應確定其費用額。於此情形，法院得命當事人提出費用計算書及釋明費用額之文書（第四百三十六條之十九）。

　　為鼓勵小額事件之被告自動履行債務，以免原告及法院因需強制執行而增添勞費，於第四百三十六條之二十一規定，法院命被告為給付時，如經原告同意，得為被告於一定期限內自動清償者，免除部分給付之判決。於此情形，性質上係透過法官斡旋，以判決之形式作成附條件和解。即兩造合意，應於一定期間內自動履行給付至一定程度（例如原告起訴請求被告給付新臺幣十萬元，兩造合意被告於某年某月某日內，自動清償至九萬元）為條件，免除其餘部分給付（即原告免除一萬元）和解之判決。被告如不於期間內自動清償，免除條件不成就，判決給付之範圍，回復為全部之給付（於前例即為新臺幣十萬元）（註一四）。又於被告有自

註一四　依司法院頒主文例示為：「被告應給付原告新臺幣十萬元（及利息）。被告如於民國八十八年十月一日前自動給付新臺幣九萬元者，其餘新臺幣一

動履行之誠意，但因無法一時完成給付，而表示願意分期或緩期清償者，為避免小額程序判決後尚須進入強制執行程序，法院於被告陳明其有分期給付或緩期清償之需要時，法院宜儘可能斟酌被告之情況及原告之利益，依被告之意願為分期給付或緩期清償之判決，俾使被告自動履行債務。同時為督促被告遵期履行，兼顧原告之利益，除分期給付之情形，如一期不履行視為全部到期（第三百九十六條第二項），即可全部強制執行外，法院並得於分期或緩期給付之判決定被告逾期不履行時，應加給原告之金額。 但其金額不得逾判決所命原給付金額或價額二分之一(註一五)（第四百三十六條之二十二）之上限，以防過苛。上述逾期給付金係判決之一部，雖屬附條件之判決，仍得為執行名義（強制執行法第四條參照），如被告逾期不履行時，即得對該部分開始強制執行，自不待言。

〔參〕小額訴訟之上訴或抗告程序

小額事件為簡速之目的，對於其上訴或抗告程序設有特別規定，分述如下：

一、受理上訴或抗告事件之管轄法院

對於小額程序之第一審裁判，得上訴或抗告於管轄之地方法院，其裁判以合議行之（第四百三十六條之二十四第一項）。可知小額程序之上訴或抗告，仍由原為裁判之法院管轄，而非上訴或抗告於其上級之高等

萬元予以免除。」

註一五　依司法院頒主文例示：1.分期：被告應給付原告新臺幣八萬元（及利息），自民國八十八年二月起至同年九月止，於每月一日給付新臺幣一萬元（及利息）。如一期不履行，視為全部到期，被告並應另給付原告新臺幣二萬元。2.緩期：被告應於民國八十八年十月一日給付原告新臺幣八萬元（及利息）。逾期不履行者，應另給付原告新臺幣二萬元。

法院，惟法院於審判時，應組成合議庭審判之。

二、小額事件上訴之限制

　　小額事件係為解決日常生活之小額紛爭，基於簡速之目的而設。為貫徹小額程序之簡速性，避免因上訴或抗告費時而不符訴訟利益，故小額事件之裁判，原則上宜於第一審確定，惟第一審裁判如有違背法令之情事者，為兼顧當事人之利益，故第四百三十六條之二十四第二項規定，非以其違背法令不得為之。

三、小額事件上訴理由之強制記載

　　提起上訴，應於上訴狀內記載上訴理由，表明下列各款事項：①原判決所違背之法令及其具體內容。②依訴訟資料可認為有違背法令之具體事實（第四百三十六條之二十五）。蓋小額程序之第二審上訴，須以原判決違背法令為理由始得為之。為便利第二審法院之審理，以貫徹小額程序之簡速目的，規定上訴理由強制記載事項。當事人提起上訴如未依上開規定記載者，法院應裁定限期命為補正，如逾期不為補正，應認其上訴不合法以裁定駁回之（第四百三十六條之三十二、第四百四十二條第三項）。有問題者，法院依第四百三十六條之十八規定，如僅記載主文，當事人提起上訴時，因原判決未附理由，其上訴狀須記載原判決違背法令時，或將有困難。吾人以為取捨證據認定事實係法院職權行使之事項，除認定違法不生違背法令問題(註一六)。小額程序係關於日常生活小額爭執之訴訟，其關係較為單純，若爭執事項甚多且相當激烈，則已不宜適用小額程序而應改用簡易程序，且該爭執事項亦應記載於筆錄，法院於判決時，亦宜加記理由要領（第四百三十六條之十八）。可知小額程序之上訴，果有違背法令情形，只需聲請閱覽訴訟卷宗，實不難由訴訟卷宗之記載中具體指出。若承辦法官能補判決理由，當然更佳。

四、訴之變更、追加或提起反訴之禁止

　　為期小額事件之第二審程序能迅速終結，以貫徹小額程序之簡速目

註一六　參照最高法院二十八年上字第一五一五號判例。

的，第四百三十六條之二十七規定，當事人於第二審程序不得為訴之變更、追加或提起反訴。

五、新攻擊防禦方法提出之禁止

為避免當事人於上訴程序提出新攻擊或防禦方法延滯訴訟，小額程序原則上採覆審制，按第一審之訴訟資料，審核其訴訟程序及判決內容有無違背法令，以達簡速之目的。惟如因法院違背法令，致當事人不能提出者，為保護當事人之權益，例外准其提出。例如審判長違反第一百九十九條第二項規定，未盡闡明之義務，致未能於第一審提出訴訟資料之情形是。但當事人於第一審言詞辯論終結未曾提出或已提出而經法院依第一百九十六條第二項規定駁回者，則不得再次提出。故第四百三十六條之二十八規定，當事人於第二審程序不得提出新攻擊或防禦方法。但因原法院違背法令致未能提出者，不在此限。

六、得不經言詞辯論而為判決

小額程序原則上須經言詞辯論始得判決，惟為節省勞費，第四百三十六條之二十九規定：小額訴訟之第二審判決，有下列情形之一者，得不經言詞辯論為之：①經兩造同意者。②依上訴意旨足認為上訴為無理由者。

七、第二審廢棄原判決發回原法院之判決

應適用通常訴訟程序或簡易訴訟程序之事件，而第一審法院行小額程序者，因訴訟程序有重大瑕疵，第二審法院得廢棄原判決，將案件發回原法院（第四百三十六條之二十六第一項前段）。但第四百三十六條之八第四項之事件，當事人已表示無異議或知其違背或可得而知其違背，並無異議而為本案言詞辯論者，不在此限（同條但書），可知除訴訟標的金額或價額在新臺幣五十萬元以下案件，適用程序錯誤之判決，均構成廢棄發回之理由。惟如當事人同意由第二審法院繼續適用小額程序者，自無廢棄原判決之必要，故同條第二項規定，此時應予當事人陳述之機會，如兩造當事人同意繼續適用小額程序者，應自為裁判。關於廢棄發

回更審之判決，得不經言詞辯論（同條第三項）。

〔肆〕第三審上訴及再審之限制

第四百三十六條之三十規定：對於小額程序第二審裁判，不得上訴或抗告。其依第四百三十六條之八提起之小額訴訟，其第二審裁判不得上訴固毋庸論矣，即依同條第四項或第四百三十六條之二十六第二項合意適用小額程序之裁判，亦不得上訴，以貫徹小額程序之簡速性。又對於小額程序之第一審裁判提起上訴或抗告，經以上訴或抗告無理由為駁回之裁判者，不得更以同一理由提起再審之訴或聲請再審（第四百三十六條之三十一），蓋對第一審裁判提起上訴或抗告非以判決違背法令為理由不得為之（第四百三十六條之二十四第二項），其經以上訴或抗告為無理由而裁判駁回者，若可再以該裁判違背法令為由再審，必增法院不必要之勞費，故以明文加以禁止。

〔伍〕上訴、抗告、再審程序之準用

一、上訴程序之準用

依第四百三十六條之三十二規定：第四百三十六條之十三、第四百三十六條之十四、第四百三十六條之十九、第四百三十六條之二十一及第四百三十六條之二十二，關於小額事件第一審程序之規定，於小額事件之上訴程序準用之。又依同條第二項規定：第四百三十八條至第四百四十五條、第四百四十八條至第四百五十條、第四百五十四條、第四百五十五條、第四百五十九條、第四百六十二條、第四百六十三條、第四百六十八條、第四百六十九條第一款至第五款、第四百七十一條至第四百七十三條及第四百七十五條關於通常訴訟之第二審及第三審上訴程序之規定，於小額事件之上訴程序亦準用之。

二、抗告程序之準用

　　第四編之規定，於小額事件之抗告程序準用之（第四百三十六條之二十三第三項）。

三、第五編之規定，於小額事件之再審程序準用之（第四百三十六條之二十三第四項）

　　惟因本條第二項小額事件之上訴程序，並未準用第四百六十九條第六款之規定，第四百三十六條之三十一又不得以違背法令為理由再審，故第四百九十六條第一項第一款及第二款之再審事由，於小額訴訟自不予準用。

當事人不適格與訴訟標的法律關係

——最高法院八十五年度臺上字第四五一號判決之評釋

要　目

（本文原載於《法令月刊》，第四十七卷第八期）

當事人不適格與訴訟標的法律關係
——最高法院八十五年度臺上字第四五一號判決之評釋

〔壹〕事實概要

原告起訴主張訟爭×房屋（三層樓房，未辦理建物所有權第一次登記），係伊兄弟析產時歸原告所有，其餘兄弟拋棄繼承，並辦畢房屋納稅義務人名義為原告。詎被告竟持第三人（原告之兄）債權之執行名義，聲請查封原告所有×房屋之第一層，侵害其所有權，乃請求：⑴確認原告對系爭×房屋所有權存在，⑵撤銷就該部分所為強制執行之判決（關於同一事件另一房屋部分，不在本文討論之列，不予記述）。

〔貳〕判決要旨

第二審判決以系爭房屋係未辦理建物所有權第一次登記之不動產，為原告之父所建造，屬原告亡父之遺產，應為全體繼承人（原告兄弟）所公同共有，所稱其他繼承人拋棄繼承尚不生拋棄繼承之效力，則原告顯非系爭房屋所有人，自不得訴請確認系爭房屋為其一人所有。又共有物權利之行使，除依其公同關係所由規定之法律或契約另有規定外，應得全體公同共有人之同意，系爭房屋既為原告與其兄弟全體所公同共有，原告又未證明已得其他共有人之同意，其請求將系爭房屋所為之查封強制執行程序撤銷，當事人適格亦有欠缺，乃將有利於原告之判決廢棄，改判駁回原告之訴。第三審判決維持第二審之判決，理由謂：「查公同共

有物權利之行使，除依其公同關係所由規定之法律或契約另有規定外，應得公同共有人全體之同意，而以公同共有之財產為訴訟標的者，其對全體共有人既須合一確定，故非由公同共有人全體或得其他公同共有人全體之同意起訴，其當事人適格即有欠缺。本件系爭房屋為上訴人（原告）之被繼承人林某之遺產，上訴人提起異議之訴未得其他公同共有人之同意，為原審確定之事實，原審因而為上訴人敗訴之判決，並不違背法令」。

〔參〕評　釋

　按訴係由當事人，應受判決事項之聲明及訴訟標的三要素所構成。所謂當事人，從形式上意義言，係指得以自己名義起訴或被訴之當事人而言。而何者得以自己名義起訴或被訴？依民事訴訟法第四十條規定，須為有當事人能力之人。惟民事訴訟係以解決民事紛爭為目的，是民事訴訟制度之利用者，須就其紛爭有利用民事訴訟解決之必要，且訴訟亦須由其為之始有意義者，由其訴訟經由判決方能真正解決其紛爭。蓋訴訟雖由有當事人能力之人提起，就該具體事件言，以該當事人所為之實體判決，未必皆屬適切有效，且屬必要。例如債務人受破產宣告後，就屬於破產財團之財產，雖未喪失其所有權，但已喪失其處分權與管理權（破產法第七十五條）。因之，關於破產財團之訴訟，若以破產人為一造當事人而訴訟，縱法院對之為實體判決，就該破產財團所生之紛爭，因破產人已喪失其管理權及處分權，仍不能為適切有效的解決。故法院之實體判決，應選擇對紛爭有以判決作適切有效解決，且有必要之當事人為之；對於不適切或不必要之當事人，則予排除駁回其請求以免訴訟資源之浪費。而其選擇之基準，即為當事人適格(Sachlegitimation)。因此學者亦稱有當事人適格之當事人，為真正當事人(註一)(Der richtige Partei)。

註一　參照伊藤真著，《民事訴訟の當事人》，弘文堂，昭和五十三年九月，第九十

可知當事人適格與當事人能力有別。當事人能力係就一般訴訟，抽象地有無為原告或被告資格之決定；有當事人能力之人於具體訴訟中，可否為正當之當事人而受本案判決，仍應由其是否為適格之當事人決定之。

就具體之訴訟，其當事人應具如何之要件，當事人始為適格？民事訴訟法除於特別之訴訟有規定（例如第六十四條第一項、第二百五十四條第二項、第五百六十九條、第五百九十條、第五百九十一條、第五百九十三條、第六百零九條第二項、第六百十條、第六百二十四條第二項、第六百三十五條），或其他法律有特別規定（例如強制執行法第十四條、第十五條、第三十六條、第四十一條，消費者保護法第四十九條，民法第九百八十九條至第九百九十一條、第九百九十三條至第九百九十七條關於撤銷婚姻之訴，第一千零五十二條關於離婚之訴、第一千零六十三條第二項關於否認婚生推定之訴、第一千零八十一條關於終止收養之訴、第一千零九十條關於終止親權之訴等）外，並未如當事人能力設有一般規定（民事訴訟法第四十條）。學說上德國赫爾威希(Hellwig)認為：是否為正當當事人（適格當事人）應依訴訟實施權(Prozessführungsrecht)之有無決定之。此項訴訟實施權雖屬訴訟法上之權能，然其基礎多屬私法所規範之管理權。所謂管理權係指對訴訟標的權利關係之管理權；當然亦有僅指訴訟法所定之管理權之情形(註二)。　將當事人適格依管理權之概念，作一元性的把握。而亨克(Henkel)則對當事人適格依為訴訟標的權利之處分權與訴訟實施之利益二概念，作二元性的把握，有處分權者，原則上有訴訟實施權，但有時，雖無處分權之存在，僅基於利益而認其有訴訟實施權(註三)。我國學者通說大體認為(1)當事人為訴訟之權利或法律

頁以下。拙著，《民事訴訟法論修訂新版（上）》，第九十八頁。Peter Schlosser: Z.P.R. 1983. s.s. 203～204. Othmar jauernig: Z.P.R. 1988. s. 60ff.

註二　伊藤著，前揭書，第九十七頁。

註三　伊藤著，前揭書，第九十八頁。福永有利著，〈當事者適格理論の再構成〉，《實體法と手續法の交錯（上）》，第三十四頁以下。

關係之主體時，除特殊情形外，當事人適格。(2)雖非權利或法律關係之主體而就該訴訟之權利或法律關係有管理處分權者，當事人適格。(3)在確認之訴，只須主張權利，法律關係或其他事項不明確，對於爭執（否認）其主張者提起，且有即受判決之法律上利益，即為當事人適格。(4)在給付之訴，只須主張自己有請求權之人對其主張有義務之人提起，即為當事人適格。(5)在形成之訴，原告之適格，依法律之規定定之。被告之適格，如法律有規定，依其規定，如未規定，應依形成之法律關係主體及法理決定之(註四)。可知亦係採上述二元性之把握，實務上亦採相同之態度(註五)。

　　原告提起民事訴訟之目的，在於請求法院就其與被告爭執之權利或法律關係予以裁判解決。換言之，請求法院為本案（或實體）判決(Sachurteil)。惟原告提起之訴訟欲使法院為本案判決時，必須具備一定之要件，如不具該要件時，法院即不得為本案判決，此項要件，學者謂之訴訟要件(Prozessvoraussetzung)。故從審判實務之過程言，法院就原告提起之訴訟，首先審查其是否具備訴訟要件，必待訴訟具備訴訟要件，始進而審理兩造所爭執之實體法律關係。從而法院審理之結果，原告之訴不備訴訟要件時，在德日之民事訴訟，即以訴訟判決(Prozessurteil)駁回原告之訴(註六)。惟在我國非以本案判決終結訴訟之情形，係以裁定為之，而不用訴訟判決，依民事訴訟法第二百四十九條第一項規定，原告之訴有該條項所列各款情形之一者，經審判長命其補正而不補正，或不能補

註四　姚瑞光著，《民事訴訟法論》，七十五年，第九十七頁以下。王甲乙、楊建華、鄭健才合著，《民事訴訟法新論》，八十二年，第四十八頁以下。拙著，前揭書，第九十七頁以下。

註五　參照最高法院二十七年上字第二七四○號、四十年臺上字第一八二七號判例。

註六　參照中村英郎著，《民事訴訟法》，平成二年，第二三二頁。Arens/Lüce: Z. P.O.R. 6 Aufl. 1994 s.155, Peter Schosser a.a.O. s.34.

正時，法院應以裁定駁回之。當事人適格要件，為原告獲本案判決應具之前提要件，應屬於訴訟要件(註七)，但並未明定於民事訴訟法第二百四十九條第一項所列各款之中，故我國實務上，原告提起之訴如有當事人不適格之情形，法院不必命補正(註八)，即以原告之訴欠缺訴權存在要件，其訴為無理由，判決駁回原告之訴(註九)。似不認當事人之適格為訴訟要件之一(註一〇)，而係為訴無理由之本案判決，此項見解頗值商榷。蓋依民事訴訟法第二百四十九條第一項第六款規定：起訴不合程式或不備其他要件者，法院應以裁定駁回之。當事人適格要件似為同條項第一款至第五款所定要件以外之其他要件(註一一)，且此適格要件之是否具備，係就原告起訴主張之事實以為判斷，與訴訟結果，原告主張之權利果否存在無關(註一二)。例如原告主張被告無權占有其所有之土地，侵害其所有權，請求被告返還該土地之事件，依民法第七百六十七條規定，原告及被告均屬適格之當事人，縱最後審理結果，該土地係原告之配偶所有，非原告所有，原告無權對被告主張權利，亦屬原告之訴有無理由問題，而非原告之訴當事人不適格。上開實務上見解，將當事人不適格亦認為訴無理由而判決駁回原告之訴，不無誤導該判決性質之嫌。

註七　參照拙著，前揭書，第二五九頁以下。姚著，前揭書，第三〇八頁。楊建華著，《問題分析　民事訴訟法(一)》，第七頁則認係訴訟成立要件。

註八　參照拙著，前揭書，第一〇四頁，惟於選定當事人情形，如被選定有多人時，因民事訴訟法第五十條準用同法第四十九條規定，法院於判決駁回前，仍應命為補正。

註九　參照最高法院二十七年上字第一九六四號判例。

註一〇　參照姚著，前揭書，第一〇二頁。

註一一　對此民事訴訟研究會第四十三次研究會有相當之研討，參閱《民事訴訟法之研討(四)》，第四一五頁以下。

註一二　參照姚著，前揭書，第一〇一頁。王甲乙等著，前揭書，第五十頁。拙著，前揭書，第九十七頁。

　　最高法院八十五年度臺上字第四五一號判決，依其事實之記載，原告係主張訟爭×房屋係其個人所單獨所有，被告將該屋認係第三人（原告之兄）所有，並以對該第三人之執行名義請求查封該×房屋，侵害其所有權，因請求⑴確認原告對系爭×房屋所有權存在，⑵撤銷對於該房屋強制執行之判決。事實審法院依調查及辯論之結果，確定之事實則為：該×房屋係原告之父所原始建造，原告之父有繼承人多人，原告雖主張其餘繼承人已拋棄繼承，故×房屋為其一人繼承而單獨所有，惟經調查結果，其餘繼承人之拋棄繼承應屬無效，故×房屋仍為原告之父之全體繼承人所公同共有。關於原告請求之⑵部分，第二審判決以「公同共有物權利之行使，除依其公同關係所由規定之法律關係或契約另有規定外，應得全體公同共有人之同意，此觀民法第八百二十八條第一項及第二項規定自明。系爭房屋既為上訴人（即原告）與訴外人林某等其餘繼承人全體所公同共有，則提起第三人異議之訴，即應由全體公同共有人為原告或得其同意，其當事人適格始無欠缺，上訴人單獨起訴，請求將執行法院八十年度民執全字第四〇號假扣押強制執行事件就系爭房屋所為之查封強制執行撤銷，而未證明已得其他公同共有人之同意，當事人適格即有欠缺」。第三審判決亦以同一理由予以維持。惟如前面討論，當事人之是否適格，係就原告起訴主張之事實，判斷其紛爭之解決以起訴之兩造為當事人是否適當、且有意義，與原告主張之實體法律關係是否確實存在無關。而依強制執行法第十五條提起之第三人異議之訴，以非執行債務人，而主張就執行標的物有足以排除強制執行權利之人為原告，即為適格之原告，其適格之被告則為執行債權人，若債務人亦否認其權利時，並得以債務人為共同被告(註一三)。故執行債務人有時亦為適格之被

註一三　依最高法院六十三年二月二十六日民事庭會議決議，認為「此際應認為類似的必要共同訴訟」。惟一般學者咸認此際僅為通常共同訴訟。對此問題之討論，請參看民事訴訟法研究會第九次研討（《民事訴訟法之研討(一)》，第二六〇頁以下）。

告。本件原告並非主張伊為×房屋之共有人，而係積極主張伊為×房屋
之單獨所有人，並據以另請求確認對×房屋所有權存在，依上說明，原
告提起之第三人異議之訴，似難謂有原告當事人不適格之情形。確定判
決，依其就實體權利調查結果，認×房屋並非為原告單獨所有，原告僅
為公同共有人，並以原告未得他公同共有人之同意，認原告不得單獨對
被告請求，而認有原告當事人不適格之情形，係就非原告主張之事實而
為判斷，不無將當事人之適格與訴訟標的權利或法律關係是否存在問題
相互混淆之嫌。就本判決之結果言，雖可贊同，但其理由則不無商榷之
餘地。

民事判決書製作合理化之芻議
——以第一審判決書為中心

要　目

〔陸〕如何使判決書製作合理化（簡素化）

〔柒〕結　語

（本文原載於《法令月刊》，第五十一卷第三期）

民事判決書製作合理化之芻議
——以第一審判決書為中心

〔壹〕前　言

　　回顧三十餘年的司法官生涯，有相當長的一段時間，從事民事審判工作，其中最感須司法改革的，就是審判和判決書製作的合理化。大部分的司法工作者，大概都有一種共同的感觸，就是每一位法官受理的案件太多，而法院可使用的法庭不夠，造成聽審的時間不足，而製作判決書的時間過長。當事人也常感到在法庭上，不能暢所欲言，好像法官是在草草結案。因此，提出許多書狀補充。法官為一一交代當事人的攻擊防禦方法，輒製作冗長的判決書，甚至有時，讓當事人讀完了判決書，還不知所云。這種現象，不僅國內如此，在鄰國日本也有同樣的困擾(註一)。司法院民事訴訟法研究修正委員會，對於民事事件之審理，已於八十八年四月完成部分條文修正草案，提出於立法院，目前正在審議中。至判決書之製作，該委員會也提出修正案，尚在討論中。東瀛日本於一九九六年公布一九九八年一月一日施行的新民事訴訟法第二百五十三條對於判決書的製作，做了一番大變革，值得我們注意。因此，乘大家都在大談司法改革的時候，對我國判決書的製作提出一些不成熟的意見，就教於諸位教授先進，敬請批評指教！

註一　參照「民事判決書の新しい様式をめぐって」1990.6.15ジュリスト座談會紀
　　　錄。木川統一郎著，〈民事事件の審理と判決の合理化〉ジュリスト
　　　1990.9.15(No. 731)。村松俊夫著，〈判決書〉(載於《民事訴訟法講座》，第
　　　二卷，民事訴訟法學會編)，第七二七頁以下。

〔貳〕 判決書製作之目的

法院對於當事人提起的事件，大都作成判決書以終結訴訟繫屬。法院作成判決書的目的，可分為以下五個方向來思考(註二)：

一、從對於事件當事人的關係言

法院製作判決書的目的，是在使當事人知悉判決的內容，使其了解法院對於訟爭事件，何以作出如此判斷的結果，俾當事人由判決書了解判決的真義，而不致有所誤解，同時也給當事人去考慮決定是否不服提起上訴的機會。就此而言，法院可透過判決書與當事人溝通意思。為達到這個目的，判決書應遵守「當事人易於了解判決之原則」。

二、從對於上級審的關係言

不論是採續審制或覆審制，下級審法院的判決書，提供上級法院便於審查其判決是依據何事實，何理由而為判決。換言之，透過下級審法院的判決，將事件之事實予以整理，並析示其理由。使上級審法院藉下級審法院之判決書，很快速地掌握整個事件的案情，助益事件的審理。

三、從對於一般國民的關係言

判決的既判力雖不及於一般國民，但判決係透過具體事件，適用法律，因此，一般國民可透過判決，明瞭法律的內容。從而，經由法院的判斷及判斷的過程，來顯示裁判公正的保障。

四、從對於判決後，就判決效力的關係言

依確定判決所生之效力，特別是既判力、執行力、形成力所及範圍，須於判決書中明確表明。換言之，既判力係於何人間之何種訴訟標的範

註二　參照賀集唱著，〈民事判決書の合理化と定型化〉（載於《實務民事訴訟講座2》，第三頁以下，鈴木忠一、三ケ月章監修）。後藤勇著，〈新樣式の判決〉（載於《民事裁判の充實と促進（上）》，第七一七頁以下，木川統一郎博士古稀祝賀）。

圍發生確定力，須不待參照其他文書，專由判決書本身即可明瞭；又如
執行力，判決書為執行名義時，其強制執行不致發生疑義或不明而不能
執行始可。蓋訴訟卷宗尚在保存期限內(註三)，雖可調卷查明（強制執行
法第八條第一項），但一旦保存年限屆滿銷毀時，即生問題。判決書則須
永久保存(註四)，故最具法律上之重要性，其本身對於上述事項自須記載
明確。

五、從對於製作判決書的法官的關係言

判決書的製作，是自我裁判的客觀化，換句話說，透過判決書的製
作，得藉以覆核(review)當事人的主張有無欠缺？有無矛盾？爭點何在？
等，同時反省關於爭點、證據是否充分、適切？用以保證審理上之完整
及結論的妥適。

〔參〕判決形成的過程

判決的形成，一般係以三段論式，即以事實關係(Sachverhältniss)為
小前提，法規為大前提，而形成結論即判決的邏輯方式形成。從審判的
實務過程觀察，則為透過原告的請求原因，被告之抗辯，原告之再抗辯
等過程，逐漸形成法官的心證，於法官形成完全的心證時，即終結言詞
辯論，而為終局判決（民事訴訟法第三百八十一條第一項）。為使判決透
明化，得心證之理由，應記明於判決（民事訴訟法第二百二十二條第二
項）。可知，法院審理事件過程的紮實和明快，與判決形成關係密切，與
判決書的製作更有直接的關係。因此，討論判決書製作的合理化時，也
要涉及審理過程的改進或合理化，才能配合。

註三　參照司法院暨所屬法院文卷保存期限實施要點（下簡稱要點）第二條。
註四　參照要點第十二條。

〔肆〕判決書製作的類型

關於法官對於判決書的製作，依據其內容從比較法觀察，可分為三大類：

一、傾向上級審為中心的判決

此類型的判決，為判決的法官對於判決書的製作，著重於向上級法院說明判決理由，俾將來事件上訴時，不致被上訴法院指摘而遭廢棄。換句話說，法院的判決書主要是作給上級法院看的。

二、傾向於以律師為中心的判決

此類型的判決，為判決的法院對於判決書的製作，著重於向訴訟代理人說明判決的理由，俾訴訟代理人能夠了解法院所以作出如此判決的事由，而能信服判決。換句話說，法院的判決書主要是作給律師看的。

三、傾向於以當事人本人為中心的判決

此類判決，為判決的法院對於判決書的製作，著重於向當事人本人說明判決的理由，俾能說服當事人本人，減輕訟累。換句話說，法院的判決書主要是作給當事人本人看的。

從近年德、奧、日諸國的思潮觀之，判決書的製作，有傾向以當事人本人為中心的判決書，以說服當事人本人為重心。故判決書之事實及理由之記載，僅須集中於事件的核心即可。換句話說，即只須記載法院對於爭執事件如何認定，依何理由判決一方敗訴就可以，其他各點，則儘量簡素化。例如奧國民事訴訟法第一百九十一條第一項第二款，即有判決書可不記載事實之規定。德國民事訴訟法一九七六年簡素化法(Vereinfachungsnovelle)中，亦有事實及判決理由省略之規定。其第三百十三條之一第一項規定：當事人若至遲於言詞辯論終結後二日內表示不必記載事實及裁判理由，且表明對於判決不會提起上訴時，判決可不記載事實及判決之理由。日本於平成八年新民事訴訟法公布前的舊民事訴

訟法第一百九十一條規定：判決應記載左列事項（由為判決之法官簽名
蓋章）：

1. 主文
2. 事實及爭點
3. 理由
4. 當事人及法定代理人
5. 法院（第一項）

　　事實及爭點之記載，應基於言詞辯論時當事人之陳述，摘其要領而
為之。法官不能簽名蓋章者，應由他法官附記其事由，簽名蓋章（第二
項）。

　　由於實務上的運作，判決書的製作（記載）過於繁雜，造成法官工
作的嚴重壓力。改革的要求日切，即有東京高、地裁判所及大阪高、地
裁判所分別組成民事裁判書改善委員會從事民事判決書製作改善的研究
與檢討，並於平成二年一月由前述二委員會聯合公布新樣式試案，同時
引起諸多學者的討論與批評(註五)。對於判決書之製作如何合理化、簡素
化，累積相當多的資料，可供我們參考。其後日本公布的新民事訴訟法
第二百五十三條之規定，即係對新樣式試案的肯定，其規定為：

　　判決書應記載左列各項（第一項）：

1. 主文
2. 事實

註五　參照《判例タイムズ》，第七一五期，《民事判決書の新しい樣式について》。
　　　西野喜一著，〈民事判決書の新樣式について〉，《判タ》，第七二四期，二十
　　　二頁以下，〈同民事判決書新樣式再論〉，《判タ》，第七三三期。後藤勇著，
　　　前揭論文。藤原弘道著，〈新樣式判決と事實摘示〉（載於《民事裁判の充實
　　　と促進（上）》）。小林秀之著，〈民事判決書新樣式の評價と檢討〉，《判タ》，
　　　第七二四期。座談會：〈民事判決書の新しい樣式をあめぐって〉，《判タ》，
　　　第九五八期。

3. 理由

4. 言詞辯論終結之日

5. 當事人及法定代理人

6. 法院

於事實欄中應表明請求，且為表示主文係為正當，應摘示其必要之主張（第二項）。

關於日本新民事訴訟法下，判決書之事實及理由之構成，有三點值得注意(註六)：

1. 事實欄的基本構造

新樣式的記載係所謂爭點中心型判決(註七)。其前提須行爭點指向型之審理，將爭點之所在及內容予以確定，判決書亦須表明其爭點。新民事訴訟法第二百五十三條第二項規定「於事實欄須表明其請求，且為表示主文係為正當，應摘示其必要之主張」，即以此為基礎。所謂「表示主文係為正當，應摘示其必要主張」，亦即新樣式所謂「為使明瞭文書導出主文之理論的過程所必要之主張」。可知新樣式判決書之事實記載，須明示作為理由判斷中心之爭點。從而事實之記載，除須明示其訴訟標的（請求）外，至少尚應記載「表示主文為正當之主要事實，並區分為有爭執之事實與不爭執之事實記載之」。

2. 理由欄的基本構造

新民事訴訟法對於理由如何記載，並無任何規定，當屬實踐問題。惟事實欄的基本構造既分有爭執的事實與不爭執的事實，而爭點為理由判斷的中心對象，故理由須記載對於爭點的判斷。而對於爭點之判斷，應使當事人易於了解之方法詳細記載。

註六　參照宮崎公男著，〈判決書〉（載於竹下守夫編，《講座民事訴訟法 II》，弘文堂，平成十一年，第三五六頁以下）。

註七　所謂爭點中心型判決，係依成為請求理由之主要事實及重要間接爭點之次序，將當事人易於了解之理由，記載於判決之形式。

3.事實及理由的一併記載

新樣式的判決書為簡化判決書，避免無用的重複記載，允許事實與理由合併記載。換言之，經由不爭事實與爭點之判斷所記載之事實，若能顯示主文為正當所必要之事實，即合於新民事訴訟法第二百五十三條第二項之規定(註八)。

判決書依據其記載，又可分為完全判決與實務用判決二類，前者以連續式文章，將當事人之主張，一一詳細記述，並附理由一一裁判；後者，僅須集中於核心問題，換言之，僅須記載法院對於爭執事件如何認定，依何理由判決一方敗訴即可。完全判決，因對於兩造之主張一一詳細記述，並附理由一一裁判。因之，判決書變成有相當厚度之文書，其結果反使當事人不得其要領，且於當事人主張氾濫(ausufern)或不會整理其主張時，將增加訴訟指揮之勞累及判決書製作的費時、費力。實務用判決書雖不如完全判決書的完美性，但對事件的審理與判決書製作有其實用性，故值得探討。

〔伍〕民事訴訟法第二百二十六條關於判決書內容記載之規定

民事訴訟法第二百二十六條規定：

判決，應作判決書，記載左列各款事項：

1.當事人姓名、住所或居所；當事人為法人或其他團體者，其名稱及事務所或營業所。

2.有法定代理人、訴訟代理人者，其姓名、住所或居所。

註八　參照宮崎公男著，〈判決書〉(載於竹下守夫編，《講座民事訴訟法II》，第三五六頁以下)。《判例タイムズ》，第七一五期。〈民事判決書の新しい樣式について〉。

3.主文。

4.事實。

5.理由。

6.法院。

　　事實項下，應記載言詞辯論時當事人之聲明及其提出之攻擊或防禦方法。

　　理由項下，應記載關於攻擊或防禦方法之意見及法律上之意見。

　　民事訴訟法修正草案初稿(註九)之修正條文內容，於第一項增加「三、訴訟事件：判決經言詞辯論者其言詞辯論終結日期」，及「七、年、月、日」。第二項修正為「事實項下，應記載言詞辯論時，當事人之聲明，及其提出攻擊防禦方法之要領，並得引用當事人書狀、筆錄或其他文書，必要時，得以之作為附件」。並增列第四項規定：「第三審之判決，如少數法官以書面提出法律上不同之意見，應予附記」。而修正草案第二稿，其第一項第一款修正為「當事人姓名及住所或居所；當事人為法人、其他團體或機關者，其名稱及公務所、事務所或營業所」。第一項其他各款及第三項之修正，與初稿同。並增列第四項規定：「一造辯論判決及基於當事人就事實之全部自認所為之判決，其事實及理由得合併記載之」。初稿之第四項移為第五項。

　　在現行法規定之前提下，依司法院第一廳編輯之《民事訴訟文書格式及其製作方法》所示事實項及理由項之記載(註一〇)，民事判決之樣式係採前述「完全判決」之記載方法。修正草案（不論初稿與二稿）關於第一項第一款及第七款之修正，並無重大意義，與目前判決書之記載情形同。至同項第三款之增訂，在使判決既判力之基準點，不必翻閱卷宗即可明白(註一一)，有其意義，且增加法官製作判決書之工作量有限，此

註九　司法院民事訴訟法研究修正委員會於八十一年完成草案初稿，分函有關機關徵求意見，其後繼續研討修正為第二稿。

註一〇　參照《民事訴訟文書格式及其製作方法》，第三十四頁以下。

款修正應予肯定。又第三項及第四項（修正草案第二稿）之修正及增訂，既可減少判決書之篇幅，減輕法官的負擔，應予肯定。

〔陸〕如何使判決書製作合理化（簡素化）

日本在新民事訴訟法修正公布前，已由實務界提出民事判決之新樣式試案，並經學者討論而提出不同之意見(註一二)，經由相當討論而於新民事訴訟法第二百五十三條作修正規定；而我國之修正案初稿及第二稿之修正，已如上述，則我國民事判決如何簡素化、合理化？個人以為應循「實務用判決」之樣式修正。「實務用判決」的架構，應建立在下列基礎上：

(一)審理集中化。

(二)爭點抽象化。

(三)透過訴訟指揮權及闡明權的行使，法院與當事人間「包括的討論」 (umfassende Erörterung)、「法律上的討論」 (Rechtsgespräche)，法院提示法律上之意見與適度的心證公開，以簡化爭點，消除當事人對於法院判決的疑慮與爭議。

如此，「實務用判決」始得為當事人所信服。在上述前提下，判決書的記載：

1.關於第二百二十六條第一項所定八款，其中第一款當事人、第二款代理人、第四款主文(註一三)，及第七款判決日期之記載，無從簡化，仍

註一一　參照修正草案第二稿之說明四。

註一二　參照註一及註二所引文獻，及小林秀之著，〈民事判決新樣式の評價と檢討〉，《判夕》，第七二四期。藤原弘道著，〈新樣式判決と事實摘示〉（載於《民事判決の充實と事實揭示》），木川統一郎著，〈民訴法の基本理論から見た新樣式判決〉，《判夕》，第七五二期。

註一三　關於主文之記載，日本新樣式判決書亦有改變，即判決主文中，關於連帶

依向來判決格式記載。

2.關於事實欄之記載

比較修正草案第二稿之規定與現行法之規定，事實欄之記載雖簡化為「當事人提出之攻擊與防禦方法之要領，並得引用當事人書狀、筆錄或其他文書，必要時得以之作為附件」，但與日本新民事訴訟法第二百五十三條之規定比較，仍屬相當繁雜。在日本新民事訴訟法下，因事實欄僅「表明其請求，且為表示主文係為正當，應摘示其必要主張」而已，難免受法官主觀判斷的影響而取捨事實之記載，因此，若有法官疏忽當事人重要攻擊或防禦方法之記載時，即難從判決書本身發見判決之瑕疵，是其缺點。個人認為修正草案第二稿之規定，應配合事件之審理，透過審理集中化、整理爭點、協議並簡化爭點，以確定爭點之所在。就構成裁判基礎之不爭或自認事實，亦須整理。則事實欄之記載，似可分別記載，兩造之聲明、請求原因及答辯、不爭之事實、兩造之爭點及證據五部分，不必如向來記載的方法，將當事人之攻擊防禦方法，鉅細不遺地記載於判決書(註一四)。且經由集中審理的準備程序，簡化、協議、確定之爭點，或記錄於準備程序筆錄，或由當事人整理後以書狀提出（草案第二百六十八條之一），法院自可引用筆錄或書狀，必要時並以之為附件，既無遺漏事實之危險，並可使法官省勞力，或屬較佳的製作方式。至證

　　　　債務向來係用「（被告）各給付〇〇元」，即所謂「主文之無色性」，惟易使當事人發生誤會，故改為「（被告）應連帶給付〇〇元」（我國實務上，即採後者之記載方式）。又關於假執行之裁判，於原告之訴一部有理由一部無理由時，主文並不諭知「其餘假執行之聲請駁回」，而諭知「本判決得假執行」即可。（參照註六〈判決書の新しい樣式について〉中，「新樣式による判決書起案の際の留意事項」第二，主文の記載について）。

註一四　由於電腦使用的普遍，發見有些法官即直接由當事人書狀之軟體，將其主張拷貝於判決書。此種方法雖似節省法官勞力，實則未必，且如此判決，當事人不易了解裁判之整體，宜避免之。

據之記載，可依人證、書證、勘驗及鑑定，並依判決理由敘述之次序予
以記載，書證並賦予簡單名稱及編號，例如「原一號證買賣契約書」是。

　　3.關於理由欄之記載

　　　判決理由項下，固應記載關於攻擊防禦方法之意見及法律上之意見。
但其記載依司法院頒《民事判決書格式及其制作方法》之說明，應將當
事人主張之攻擊防禦方法逐一記載，並分段說明（第四十三頁），以至同
一判決書重複多次記載當事人之攻擊或防禦方法。個人以為，判決理由
之核心在於事實之認定，故承前述事實欄記載之說明，理由欄之記載，
可從何以(Warum)判決某造敗訴之說明開始，而無須一一記載兩造之攻
擊防禦方法（非由dass開始），換言之，理由欄之記載於：

　　⑴原告敗訴之情形：「本件原告主張之請求，雖謂……（並依前述事實
　　　欄所載爭點，分點說明，原告主張不可採的理由）……原告所為請
　　　求，自不應准許」。

　　⑵被告敗訴之情形：「本件被告雖辯稱……（並依前述事實欄所載爭點，
　　　分點說明被告辯稱不足採的理由）……（再依不爭執之事實）……
　　　（認定）原告的請求於法相符，應予准許」。其次原告如有假執行宣
　　　告的聲請時，則應說明准駁的理由，最後為結論，即作成此項判決
　　　所依據之訴訟法條文(註一五)。

　　　至兩造互有勝敗判決之情形，可準用上述方法記載。

　　　在此值得討論的是，依現行民事訴訟法或同法修正草案第二稿規定，
事實及理由似須分別記載(註一六)。惟法院於判決理由制作時，因常須敘
及事實欄所記載之事實，為避免此項重複，德國Stuttgarten Verfahren係經

────────────────

註一五　實務上有用「據上論結」者，司法院頒《民事判決書格式及其制作方法》，
　　　　兩種例均有。日本之《新樣式判決模範例》，則無此項記載。個人贊同其
　　　　記載方式。

註一六　比較草案第二稿第二百二十六條第四項，民事訴訟法第四百三十四條第
　　　　一項規定可知。

由訴訟指揮及闡明權之行使，簡化當事人之爭點，並透過心證之公開與法律見解的公開，消除當事人的疑慮和爭議，所以判決書只須詳記載「核心的理由」，其他「一般化事實」，則記其大要即可。而奧國民事訴訟，則於判決中不記載事實，僅對於理由之敘述中涉及必要的範圍內之事實加以記載，日本新民事訴訟法第二百五十三條第二項規定「於事實欄終應表明其請求，且為表示主文係為正當，應摘示其必要之主張」，我國民事訴訟法第二百二十六條可否事實及理由併為記載？亦值得檢討。

〔柒〕結 語

判決書之合理化（簡化）有其必要性有如上述，但判決書的合理化（簡化），並非在簡化事件的審理過程，而在於節省法官製作判決書的勞力，為使合理化（簡化）後的判決書，能夠為當事人所折服，審理過程制度性配合也很重要。例如上述審理的集中化、爭點的整理及協議、心證及法律意見的適度公開等都極為重要。民事訴訟法修正草案(註一七)有制度性的配合規定。

1.為促進審理集中化，充實準備程序

規定(1)可由當事人以準備書狀繕本直接通知他造（修正第二百六十五條）。(2)準備書狀及答辯狀應記載事項、記載方法（修正第二百六十六條）。(3)法院得依事件性質與類型，採用書狀先行程序或逐行指定期日審理，並增定書狀交換方式及應遵守之時間，以使法院及當事人能儘早了解案情及整理爭點（修正第二百五十條、第二百六十七條）。(4)命當事人提出記載完全之準備書狀或答辯狀，並得命其就特定事項為表明或聲明所用之證據（修正第二百六十八條）。(5)法院於調查證據前，應將訴訟有關之爭點曉諭當事人。法院訊問證人及當事人本人，應集中為之（修正

註一七 此草案係經司法院於八十八年四月提出於立法院之修正草案。本文發表後，該修正草案已經於八十九年二月九日修正公布。

第二百九十六條之一)。(6)證人有二人以上時，應一併聲明（修正第二百九十八條第二項），以達集中審理之目的。

2.為整理、協議簡化爭點

規定(1)於準備程序期日或言詞辯論期日，應使當事人整理並協議簡化爭點，審判長於必要時，得定期間命當事人就整理爭點之結果提出摘要書狀，並以簡明文字，逐項分段記載，不得概括引用原有書狀或言詞之陳述（修正第二百六十八條之一）。(2)受命法官得不於公開法庭整理並協議簡化爭點，認為適當時，得暫行退席或命當事人暫行退庭，或指定七日以下之期間命當事人就雙方主張之爭點，或其他有利於訴訟終結之事項，為簡化之協議，並共同向法院陳明。此項爭點之協議，當事人應受拘束（修正第二百七十條之一）。(3)當事人未依第二百六十七條、第二百六十八條之規定提出書狀或聲明證據復不能說明其理由者，將生一定之失權效果（修正第二百六十八條之二）。

除上述制度性之配合外，法官審理案件時應注意對於案情的分析，依序檢討下列事項(註一八)：

(1)訴是否合法。

(2)原告之主張，其主張本身是否正當，即所謂一貫性審查。

(3)被告之主張，其主張本身是否正當，即所謂重要性審查。

(4)關於證據之調查。

　①有爭執的事實為何？負有舉證責任之人是否對於爭點，已聲明證據（證據調查前）。

　②有爭執的事實，是否已舉證證明（證據調查後）。

原告主張之一貫性與被告主張重要性，均屬主張之性質，為內容問題，與理由具備性有別，後者屬於對於國家聲明（訴）、（請求）之概念。惟如欠缺一貫性時，請求為無理由；而欠缺重要性時，得作為請求有無理由之依據。但非謂具備一貫性時，請求即為有理由。依上述順序，倘

註一八　即德國所謂五大檢討事項（參照木川統一郎著，前揭文）。

⑴之檢討不通過，原告之訴即為不合法，不必繼續審理⑵、⑶、⑷部分，即可終結訴訟（民事訴訟法第二百四十九條第一項）。若⑵之檢討不通過，即不必審理⑶、⑷部分，原告之訴顯無理由，即得判決駁回之（民事訴訟法第二百四十九條第二項）。如⑶之檢討不通過，即不必檢討⑷部分，以原告之訴為有理由，終結訴訟。若⑷之①有欠缺時，則⑷之②即無須調查。

上述分析檢討之目的，在於排除不必要之審理，以免浪費時間、精力與金錢。此項分析檢討並影響證據之調查。⑴若某一抗辯（例如清償、時效完成）似可成立時，調查證據即由此關係開始，倘能獲得心證，即可終結訴訟或勸告和解。⑵若請求之原因係由甲、乙二要素所組成，而乙要素似不成立時，可由乙要素開始調查，若能得有心證，即可終結訴訟，而不必調查其他證據。⑶於規範的法律要件，若主張事實不具規範充足性時，亦可不必調查證據。⑷為爭執之要件事實所舉間接事實，若具備推認力，亦不必調查證據。可因舉證懈怠而終結。⑸對於有爭執之事實，而主張間接事實者，最後的決定在於本人在調查證據程序前之釋明，對於間接事實於準備程序為主張者，有時不能採信。

關於原告主張之一貫性與被告主張之重要性審查之對象，在一貫性係包括無爭執之事實及有爭執之原告主張全體；而在重要性則包括無爭執之事實及有爭執之被告主張全體在內。

基上討論，法官之製作判決書，宜以爭點之判斷為中心，採用實務型的判決模式製作較佳。惟為使判決能夠獲得當事人的信賴，除判決書使用的文字，宜用通俗、表達肯定的文字，避免艱澀、意思模糊的文字，俾當事人易懂判決之內容外。同時透過上述集中審理、整理、簡化並協議爭點，及法官之適度公開心證，提供法律見解，避免突襲性裁判的出現，審判長妥善行使闡明權使當事人適當完全的辯論，相信法官對於裁判書的製作（實務型的判決書），必能簡潔而省力，同時又不減當事人對於法院判決的信服。

臺灣○○地方法院民事判決

○年度訴字第○號

原告　○○○　住○○○

被告　○○○　住○○○

右當事人間請求○○○○事件，經於中華民國○年○月○日言詞辯論終結，本院判決如左：

主　文

被告應給付原告……

訴訟費用由被告負擔。

本判決於原告供擔保新臺幣○○元後，得假執行。

事　實

一、當事人訴之聲明：

　　1.原告：除擔保金額外，如主文所示。

　　2.被告：請求駁回原告之訴。

二、請求原因及答辯：

　　原告主張被告無照駕駛機車，不慎於○年○月○日途經○○路○號門前，將伊撞傷，致生新臺幣○○元之損害，因本於侵權行為法律關係，請求被告如數賠償。被告則以係原告自己不慎撞到被告，自己受傷，伊並無過失資為抗辯。

三、兩造不爭之事實：

　　1.被告未領有機車駕駛執照。

　　2.對於醫藥費用之支出之金額為新臺幣○○元。

　　3.機車煞車痕跡為三公尺。

四、爭執之事實：

原告主張被告駕駛機車撞及原告有過失，被告則否認之。

五、證據：

1.原告提出醫療費用收據(原證一)，肇事現場圖(原證二)。

2.被告聲請傳喚證人A。

理　由

一、本件被告雖辯稱，車禍源於原告自己的過失，並舉A為證。但據A證稱，伊正在購物，未注意車禍發生的情形等語，被告辯解自不足採。且被告對於無照駕駛機車及煞車痕跡達三公尺的事實，也未爭執，車禍源於被告過失行為，至為顯然，原告主張被告有侵權行為的事實堪以認定。原告受傷致支出醫藥費○○元為被告所不爭，並有原一號證可稽，原告依侵權行為法律關係請求如數賠償，即無不合，應予准許。

二、原告陳明願供擔保請求假執行宣告也無不合。

三、結論：原告之訴為有理由，依民事訴訟法第三百九十條第一項，第七十八條判決如主文。

中華民國○年○月○日

臺灣○○地方法院民事第○庭

法官　○○○

查封之效力

要　目

（本文原載於《強制執行法爭議問題之研究》）

查封之效力

　　本文分前言、查封效力發生之時期、查封對於債務人之效力、查封對於執行當事人以外之第三人之效力、查封效力之客觀範圍、其他與查封效力之相關問題及結語七部分。其中關於查封對於債務人效力部分，討論查封對於債務人所有權所生之影響，包括占有、所有權處分、用益權之限制諸問題。又關於查封對於債務人以外第三人之效力部分，則討論查封對於第三債務人、查封物上之權利人、收受扣押命令之第三人所生之諸問題。再關於查封效力範圍部分，係討論查封對於物之成分與從物效力、對查封物之天然孳息效力、對查封之損害賠償金或代位物之效力及查封公寓大廈之區分所有權時，對於建物共用部分效力諸問題。最後關於其他與查封效力之相關問題則討論有關查封應有部分與分割共有物之關係、查封對於查封物上所設定最高限額抵押權之影響、查封與行政執行、違建之查封與行政拆除等問題。

〔壹〕前　言

　　債權人之金錢債權欲獲得滿足，其強制執行，除查得債務人有金錢現款，將其取交債權人以供清償外，多數情形，因債務人無金錢現款可供清償，而需凍結債務人金錢以外之財產權，並進而變價，使其變為金錢後清償債務。此之凍結債務人財產權之行為，即為查封行為。執行法院查封債務人財產發生如何效力？有加以探討之必要，分述如下。

〔貳〕查封效力發生之時期

查封於何時發生效力？實務上及學者一般通說咸謂查封於查封完畢（完成）時發生效力(註一)。惟查封由執行人員開始實施查封行為至完成查封行為(註二)，其間有時有一段時間之間隔，則若開始查封行為後（例如債權人指封債務人養雞場之某舍蛋雞），尚未完成查封行為前（例如正在清點雞數填寫查封標示時），蛋雞產蛋，該雞蛋是否為查封效力所及？如依通說，查封尚未完成，雞蛋即非查封效力所及，似與一般社會通念不符。吾人以為查封之效力，應於執行法院查封行為完成時，溯及的於開始查封強制執行行為時發生效力。於上例之情形，應認查封之效力及於該雞蛋。依強制執行法第七十六條第二項規定(註三)：「已登記之不動產，執行法院並應先通知登記機關為查封登記，其通知於第一項執行行為（查封）實施前到達登記機關時，亦生查封效力」。換言之，依此規定，執行法院強制執行債務人之不動產，不待為查封行為即得先行囑託登記機關為查封登記，並於通知到達登記機關時，發生查封之效力。惟如囑託登記之通知於實施查封行為後始到達登記機關者，仍依一般查封之原則，於查封完成時溯及於查封行為開始時發生效力。又依第十一條第一項規定：「供強制執行之財產權，其取得、設定、喪失或變更，依法應行登記者，為強制執行時，執行法院應即通知該管登記機關登記其事由」。

註一　參照陳世榮著，《強制執行法詮解》，七十七年，第二七六頁。耿雲卿著，《強制執行法釋義（上）》，六十八年，第一七八頁。駱永家著《民事法研究》(二)，一九八六年，第一七三頁。

註二　所謂完成查封，應指執行法院依查封方法（第四十七條、第七十六條），完成其行為而言。

註三　指八十五年九月修正之強制執行法 （以下文內不另表明法律名稱或簡稱新法），修正前之強制執行法以下簡稱舊法。

是除查封物為已登記之不動產，應依第七十六條第二項規定，於查封前已先行通知登記機關為查封登記，不必於查封後另依第十一條規定為查封登記外，其他依法應行登記之財產權，則應依第十一條規定辦理。惟此之查封登記，並非關於查封效力之要件。換言之，縱尚未辦理查封登記，於查封之效力無影響(註四)。

〔參〕查封對於債務人之效力

一、查封財產（或財產權，下同）之所有權，不因查封而變動

查封之目的，僅在凍結債務人對於查封財產之處分權，故在法院強制處分該財產以清償其債務以前，債務人仍不喪失其所有權。惟有值得討論者：

(一)查封物占有之狀態，是否因查封而有改變？對此學說上有：

1.公法上占有說

謂債務人之財產經查封後，債務人即喪失其占有，而由執行法院取得公法上占有之地位，縱執行法院將查封財產交由債權人，債務人或第三人保管，該查封物上亦有查封標示，在法律上應解為係為執行法院之占有者(註五)。

2.私法上占有說

此說不認有公法上占有與私法上占有之區分。執行法院因查封所生占有之性質，仍為民法上之占有關係(註六)。

註四　參照最高法院五十一年臺上字第一八一九號判例。

註五　採此說者：楊與齡著，《強制執行法論》，八十五年，第四四〇頁。張登科著，《強制執行法》，七十九年，第三〇六頁。日本最高裁判所昭和三十四年八月二十八日（民集13-10-1336）判例。

註六　參照陳榮宗著，《強制執行法》，七十七年，第三四〇頁。

　　按占有在我國民法上係一種事實狀態而非權利，依民法第九百四十條規定：對於物有事實上管領之力者，為占有人。執行人員對於債務人之財產執行查封時，於執行標的物上，黏貼或揭示查封標示時，應解為同時解除債務人對於查封物之占有，而由執行法院取得占有，故第四十七條第一項規定：「查封動產，由執行人員實施占有。」其由法院自行保管查封物者，固無論矣，其交由債權人、債務人或第三人保管者，只在使各該保管查封物之人取得輔助占有人之地位，執行法院仍取得直接占有人之地位。故查封物交保管人時，應命保管人出具收據（第五十九條第四項，第一百十三條），且依第五十一條第三項規定，實施查封後，第三人未經執行法院允許，占有查封物或為其他有礙執行效果之行為者，執行法院得依職權或聲請排除之。使執行法院得逕行排除第三人之占有。

㈡**在查封期間，查封財產之危險負擔，原則上仍由債務人負擔**

　　查封之財產無論法院自行保管或交債權人、債務人或第三人保管，並不影響其所有權仍屬債務人所有之地位。故在查封期間，如查封物有毀損或滅失之情事，其危險原則上應由債務人負擔。換言之，該毀損滅失為天災或事變，而無可負責之人時，其損失應由債務人負擔。惟就其損害如有應負責之人時：

　　1.因可歸責於債務人之事由所致者

　　查封物為動產時，依強制執行法第五十九條規定，應移置於該法院所指定之貯藏所或委託適當之保管人保管之。認為適當時，亦得以債權人為保管人（第一項）。查封物除貴重物品及有價證券外，經債權人同意或認為適當時，得使債務人保管之（第二項）。故如查封財產係交由債務人保管，因可歸責於債務人之事由致毀損滅失時，因查封之財產原即為債務人所有，雖不發生損害賠償問題(註七)，但其行為仍可構成刑法第一百三十九條之違背查封效力罪，如合於第二十二條第一項第三款之要件

註七　如查封物為抵押物時，抵押權人得依民法第八百七十二條規定，對債務人
　　　（抵押人）主張權利。

時，並得管收債務人。查封物為不動產者，於查封後由何人保管，因實務上債務人常不願保管或其行蹤不明，而債權人亦不願保管，難以定其保管人，且實際上亦可能無保管人，故第七十七條第一項第五款規定為：查封物有保管人者，其保管人(註八)。第七十八條復規定：已查封之不動產，以債務人為保管人者，債務人仍得為從來之管理或使用。由債務人以外之人保管者，執行法院得許債務人於必要範圍內管理使用之。故如查封之不動產（例如房屋）因可歸責於債務人之事由，致毀損滅失者，其所應負之責任，應與動產之情形同。

2.因可歸責於第三人之事由所致者

查封之財產如因可歸責於第三人之事由致毀損滅失者，第三人除應負刑事責任外，更應負損害賠償責任（參照民法第一百八十四條、第一百九十六條、第二百十三條、第二百十五條、第八百八十一條等規定）。此時，原查封之效力是否及於該賠償金或代位物？即值討論，應依第三人是否已提出賠償金或代位物分別決定，詳如後述（參照〔伍〕、查封效力之客觀範圍）。

3.因不可抗力所致者

查封之財產因不可抗力毀損滅失時，因財產乃屬債務人所有，其危險仍應由債務人自負。惟查封之效力因查封物之毀損滅失而減縮或消滅，債權人自得聲請執行法院對債務人之其他財產為執行(註九)。

二、查封財產處分權之限制

查封之目的在限制債務人對查封財產之處分，故債務人之財產經查封後，債務人對該財產之處分權自受限制。惟此所謂處分權之限制，係指法律上之處分而言，至債務人就查封之財產為事實上之處分時，則如前述使債務人負刑事責任（第五十九條第三項）而已。

註八　參照該條修正說明。

註九　在以拍賣抵押物或質物之執行名義強制執行者，因責任財產限制於執行名義所示之不動產或動產，債權人自不得聲請對債務人其他財產強制執行。

關於債務人違反查封規定，所為處分行為之效力如何？依第十一條第二項規定：實施查封後，債務人就查封物所為移轉、設定負擔或其他有礙執行效果之行為，對於債權人不生效力。換言之，我國強制執行法對於債務人所為違反查封效力之行為，係採相對無效主義。即債權人可主張對其不生效力，以排除該處分行為之效力，如其容認處分行為仍屬有效。茲有疑問者，此所稱債權人之意義如何？是否專指聲請強制執行之債權人？抑包括於同案聲明參與分配之債權人？對此學說上有不同之見解。有主張個別的相對無效說者，謂條文所稱債權人係指個別對處分行為前已存在之執行債權人而言，處分後始參加強制執行之債權人，則非此之債權人。換言之，處分行為之效力，係依各債權之個別關係決定。故在債務人為違反查封效力之處分行為時，僅強制執行事件聲請人（第一債權）及已聲明參與分配之債權人（第三十四條第一項、第二項）與已合併執行程序之債權人（第三十三條）得主張該處分行為對其不生效力。至處分行為後始參與分配或合併執行之債權人即不得主張之。有主張程序的相對無效說者，謂執行債權人聲請查封債務人之財產後，債務人就查封財產所為之處分行為，無論對處分行為時之執行債權人抑其後參與分配之執行債權人均不生效力。換言之，在查封效力存續期間，債務人所為之處分行為，對全體執行債權人均屬不生效力。例如執行債權人甲聲請法院於八十五年二月一日查封債務人A之機器一臺，同月十五日債權人乙聲明參與分配(註一〇)，同月二十五日債權人丙聲明參與分配，而A於同月二十日將機器出賣與B並已交付，若採個別的相對無效說，甲、乙均得對A、B主張其買賣為無效，並得依第五十一條第三項規定，聲請法院排除B之占有，但C則不得主張之。如採程序的相對無效說，甲、乙、丙均得主張其處分行為為無效。須特別說明者，上例中，債權人乙

註一〇　依新法第三十四條規定，除依法對執行標的有擔保物權或優先受償權之債權人聲明參與分配，無須具有執行名義外，其他債權人參與分配，須具執行名義始得為之。此點與舊法不同。

如係無執行名義而對查封物有擔保物權或優先權之債權人時，無論採個別的相對無效說或程序的無效說，均應認為不得主張債務人之處分行為無效。蓋其擔保物權或對物之優先受償權不因債務人之處分行為而受影響。若係以有執行名義參與分配，則因已具執行名義進行強制執行程序，自得主張之。就此問題，日本法未定有明文，惟其實務上有採個別的相對無效說者(註一一)，亦有採程序的相對無效說者(註一二)，惟學者謂，實務上傾向採個別的相對無效說(註一三)。修正前強制執行法對此未設規定，學者有主張應採程序的相對無效說者(註一四)，我國實務上見解如何？尚無判例可循。學者雖有謂可從最高法院五十一年臺上字第一五六號判例得知係採程序的相對無效說者(註一五)，但對照該判例之判決全文，似非指程序的相對無效(註一六)。

值得討論者，債務人違背查封所為處分行為與民法第八百零一條即時取得之規定，及土地法第四十三條登記絕對效力之規定之關係如何問題。依民法第八百零一條規定：動產之受讓人占有動產，而受關於占有之保護者，縱讓與人無移轉所有權之權利，受讓人仍取得所有權。則第

註一一　例如大審院大正三年十二月二十四日（民錄20-1116）、最高裁判所昭和三十九年九月二十九日（民集18-7-1541）判例。

註一二　例如大審院昭和六年十二月八日（法學1-4-533）、昭和九年十二月十一日（民集13-2337）。

註一三　浦野雄幸編，《民事執行法》,〈基本コンメンタール〉，昭和六十一年，第一四一頁。新堂幸司、竹下守夫編，《基本判例から見た民事執行法》，有斐閣，昭和五十八年，第一五八頁。

註一四　參照陳世榮著，第二二七頁。陳榮宗著，第三四二頁。張登科，第三〇四頁。

註一五　參照陳榮宗著，第三四二頁。

註一六　參照張登科著，第三〇四頁。拙著，《程序法之研究(二)》，八十四年，第一七九頁註十二。

三人如善意受讓債務人經查封之動產時，是否仍可依此規定而取得所有權？學者及實務界均採否定見解(註一七)。權衡執行債權人與第三人交易安全之保護，仍以貫徹執行債權人之保護為宜，第三人若因此受有損害，可請求債務人損害賠償，倘債務人已無其他財產，亦可聲請債務人破產，而就損害賠償債權申報破產債權。又土地法第四十三條規定，依本法所為之登記，有絕對之效力。則善意受讓債務人經查封後之不動產，其經完成登記者是否取得所有權？實務上認為，不動產經查封後，債務人將其所有權移轉於第三人者，其移轉行為於債務人不生效力，為貫徹查封之效力起見，債權人自得禁止債務人為處分其財產之行為，是該不動產所有權移轉登記日期既在債權人聲請查封以後，債權人以債務人此項處分行為為無效，而訴請塗銷第三人所有權移轉登記，自非法所不許(註一八)。可知第三人縱信賴登記，仍不能對抗執行債權人，有被執行債權人訴請塗銷其所有權移轉登記之虞。又第三人於訴訟繫屬後，復將執行標的物所有權移轉於他人者，其所有權移轉登記，固對於債權人不生效力，惟債權人嗣對第三人之確定勝訴判決，其效力是否能及於該他人，則應視該他人為民事訴訟法第四百零一條所稱之繼受人而定，殊難一概而論(註一九)。故若該他人非判決之效力所及時，尚須另提起塗銷所有權移轉登記之訴，始能解決。

三、查封財產用益權之限制

㈠查封物為動產時

查封物為動產時，原則上不交債務人保管（第五十九條第一項），故經查封之動產已不在債務人占有中，債務人自無從管理使用。惟查封物除貴重物品及有價證券外，經債權人同意或法院認為適當時，例外的得由債務人保管（同條第二項），此時在不違背查封目的範圍內，債務人得

註一七　參照拙著，研究㈡第一八〇頁。

註一八　參照最高法院五十年臺上字第二〇八七號判例。

註一九　參照司法院七十八年三月八日(78)秘臺廳㈠字第〇一一九六號函。

為管理使用(註二〇)。

(二)查封物為不動產時

　　查封物為不動產而以債務人為保管人者，債務人得為從來之管理或使用。由債務人以外之人保管者，執行法院得許債務人於必要範圍內管理或使用之(第七十八條)。惟如執行法院將查封之不動產交債務人保管，而債務人拒絕保管時，縱有必要，亦不得准其管理使用(註二一)。有問題者，債務人之管理行為應否包括查封物之出租行為？按債務人將查封物為出租行為時，勢必將不動產移轉占有予承租人使用收益，依第一百十三條準用第五十一條第三項規定，實施查封後，第三人未經執行法院允許，占有查封物或為其他有礙執行效果之行為者，執行法院得依職權或依聲請排除之。準此，債務人如未得執行法院之允許將查封之不動產出租時，承租人難免因執行法院之排除而不能達租賃之目的。故解釋上宜解為債務人之管理行為不包括出租行為。至查封前債務人已出租之不動產於查封期間，租期已滿者，如承租人仍為租賃物之使用收益，而出租人（即執行債務人）不即表示反對之意思者，有無民法第四百五十一條視為以不定期繼續契約規定之適用？最高法院初採肯定說(註二二)，嗣改採否定說(註二三)。

(三)查封物為其他財產時

　　可供使用收益之財產權，例如採礦權、專利權、著作權等無體財產權，經查封後，依司法院院字第一二九九號解釋意旨，在不違背查封目的範圍內，似可允許債務人管理使用。

註二〇　參照司法院院字第一二九九號解釋。
註二一　參照辦理強制執行事件應行注意事項四十一之二。
註二二　參照最高法院四十五年臺上字第七三號判決，認出租或更新契約均非處分行為，殊難認為無效。
註二三　參照最高法院五十一年臺上字第一八六三號、七十一年臺上字第三六三六號判決，則認係違背查封效力，無效。

〔肆〕查封對於執行當事人以外之第三人之效力

一、對於執行債權人以外之一般債權人

民法採債權平等主義，除有擔保或有優先之債權外，債務人係以其財產擔保其他全體債權人之債權。故某一債權人聲請法院查封債務人之特定財產，可能影響其他債權人之平等受償，此時執行債權人就查封物之受償處如何之地位？立法上有：

㈠質權主義

質權主義又稱優先主義，以債權人聲請查封或參與分配之時間先後，決定債權人間分配優劣順位。例如德國法例，動產或債權經債權人查封後，該債權人對於查封之標的物，取得質權，優先於一般債權人而受償。如同一標的物先後經數債權人查封者，依其查封次序，決定質權之先後順位(註二四)。於不動產之查封，則可為強制抵押權(Zwangshypothek)之登記，並依登記先後決定其優先順位(註二五)。

㈡平等主義

則不問債權人係執行債權人抑參與分配債權人，亦不問其參與分配之時間先後，債權人之地位平等，依其債權額多寡比例分配之主義。法國法例採之(註二六)。六十四年四月二十二日修正前強制執行法第三十二

註二四　參照德國民事訴訟法第八百零四條債權人因查封，就查封物取得質權 (Pfandrecht)（第一項）。前項質權於對他債權人之關係，賦予債權人與約定質權(Faustpfandrecht)同一之權利；但於破產時，此項質權，優先於與約定質權順位不同之質權及優先權(Vorzugsrecht)（第二項）。因前查封所設定之質權，優先於後查封所設定之質權（第三項）。

註二五　參照德國民事訴訟法第八百六十六條、第八百六十七條。

條、第三十八條規定，係採平等主義。

㈢群體優先主義

亦稱折衷主義，最初查封之債權人與一定時間內參與分配之債權人，構成第一群體，其後再參加之債權人構成第二群體，第一群體之債權人優先於第二群體之債權人，惟第一群體之諸債權人間，其債權人係平等受償。瑞士法例採之。舊法第三十二條、第三十八條採之。以拍賣標的物拍賣或變賣終結為時點，在其前參與分配者為第一群體，其後參與分配者為第二群體，第二群體債權人僅得就第一群體債權人受償餘額而受償，各群體債權人，則按其債權額數平均分配。亦係採群體優先主義。新法雖亦採群體優先主義，惟其群體劃分之時點修正提前一日，即以標的物拍賣、變賣終結或依法交債權人承受之日一日前；如不經拍賣或變賣者，於當次分配表作成之日一日前參與分配者為第一群體，其後者為第二群體。又第三十四條已廢除無執行名義之一般債權人參與分配之制度。故得依強制執行程序參與分配者，僅有執行名義之債權人與有優先權或擔保物權之債權人而已。無執行名義之債權人如因債務人受強制執行之結果，將無財產可供清償時，僅得聲請法院宣告債務人破產，以謀保障。

又新法採二度查封禁止之原則，亦即同一執行標的物經查封後，他債權人不得聲請對同一標的物，再行查封。第三十三條規定：「對已開始實施強制執行之債務人財產，他債權人再聲請強制執行者，已實施執行行為之效力，於為聲請時及於該他債權人，應合併其執行程序，並依前二條（參與分配）之規定辦理」(註二七)。

註二六　參照法國民法第二千零九十三條。

註二七　本條規定未限制他債權人須於債務人已無財產或其財產不足清償其債權之情形下，始可參與分配。則執行債權人於聲請法院查封時，因限於其債權及執行費用之範圍，他債權人不費任何勞力費用，故意指封該已查封之財產即可坐享分配，是否公平，實值檢討。

二、對於查封標的物上之權利人

㈠對於查封標的物上有擔保物權或優先權之債權人

　　新法為促進拍賣，改採塗銷主義，第三十四條第二項規定：依法對於執行標的物有擔保物權或優先受償權之債權人，不問其債權已否屆清償期，應提出其權利證明文件，聲明參與分配。同條第三項規定：執行法院知有前項債權者，應通知之。知有債權而不知其住居所或知有前項債權而不知孰為債權者，應依其他適當方法通知或公告之。經通知或公告仍不聲明參與分配者，執行法院僅就已知之債權及其金額列入分配。其應徵收之執行費，於執行所得金額扣繳之。第三項規定：第二項之債權人不聲明參與分配，其債權額又非執行法院所知者，該債權對於執行標的物之優先受償權，因拍賣而消滅。其已列入分配而未受清償部分亦同。同法第九十九條第三項又規定：存在於不動產上之抵押權及其他優先受償權，因拍賣而消滅。但抵押權所擔保之債權未定清償期或其清償期尚未屆至，而拍定人或承受抵押物之債權人聲明願在拍定或承受抵押物價額範圍內清償債務，經抵押權人同意者，不在此限。為例外不予塗銷抵押權之特別規定(註二八)。值得討論者，質權人應占有質物，故執行法院強制執行查封質權人占有債務人所有之質物（動產）時，質權人依同法第十五條規定，得提起第三人異議之訴(註二九)。則一般債權人可否

註二八　本條係本次修正強制執行法時所增定。於但書之情形，「拍定人或承受抵押物之債權人聲明願在拍定或承受抵押物價額範圍內清償債務」一語，其法律上性質如何？係債務承擔，抑併存的債務？有待討論，如屬前者，拍定人或承受之債權人，可否從其價金中扣除其承擔之債權額？又其債權額如何計算？亦屬問題。如屬後者，拍定人或承受之債權人可否從其價金中扣除債權額（同樣亦生債權額計算問題）？如不能扣除，拍定人或承受人當不願意，如可扣除，將來債權人如由債務人受清償，則拍定人或承受人將不當得利，顯見本條規定有欠周延。

註二九　參照最高法院四十四年臺上字第七二一號判例。

聲請法院查封債務人已設定質權於第三人之動產即非無疑，是否能產生塗銷優先權（質權）之效果，亦屬問題。

㈡對於查封標的物上有其他物權之人

拍賣之不動產原有之地上權、永佃權、地役權、典權，不受拍賣之影響，仍隨原不動產所有權之移轉而移轉。但該用益物權之發生係於設定抵押權之後者，如對於抵押權有影響時，執行法院得予除去後拍賣之。一經除去用益物權時，用益物權人之物權即歸消滅（第九十八條第二項參照）。又查封標的物上之用益物權人，原則上不受查封之影響，故該用益物權人於不動產被查封期間，仍得依民法第八百三十八條等規定，將用益物權移轉於第三人(註三〇)。

㈢對於執行標的物有租賃關係之人

依民法第四百二十五條規定，出租人於租賃物交付後，縱將其所有權讓與第三人，其租賃契約，對於受讓人仍繼續存在。故出租之不動產經拍賣後，其租賃關係隨同移轉。但發生於抵押權設定之後，並對抵押權有影響，經執行法院除去後拍賣者，不在此限（第九十八條第二項）。

上述因影響抵押權而除去用益物或承租關係後，該用益物權人或承租人占有該不動產縱在查封之前，執行法院於拍賣後，仍得解除其占有，將該不動產點交拍定人或承受之債權人(註三一)（第九十九條第二項）。

三、對於收受扣押命令之第三人

就債務人對於第三人之金錢債權為執行時，執行法院應發扣押命令禁止債務人收取或為其他處分，並禁止第三人向債務人清償（第一百十五條第一項）。就債務人基於債權或物權，得請求第三人交付或移轉動產或不動產權利為執行時，執行法院應以命令禁止債務人處分，並禁止第三人交付或移轉（第一百十六條第一項），就債務人基於債權或物權，得請求第三人交付或移轉船舶或航空器之權利為執行者，準用上述規定辦

註三〇　參照司法院七十五年五月一日(75)秘臺廳(一)字第〇一二六九號函。

註三一　參照司法院釋字第三〇四號解釋理由。

理（第一百十六條之一）。即以債務人對於第三人之權利為執行標的物加以查封（扣押）之情形，於此情形，該扣押命令雖於送達於第三人時發生效力（第一百十八條），但該第三人是否應受該扣押命令之拘束？值得研究，蓋執行法院對第三人發扣押命令時，並不審查債務人對第三人果否確有扣押之權利存在。故第三人不承認債務人之債權或其他財產權之存在，或於數額有爭議，或有其他得對抗債務人請求之事由（例如同時履行之抗辯）時，得於接受執行法院命令後十日內，提出書狀，向執行法院聲明異議（第一百十九條第一項）。此項異議係第三人之權利，亦為義務。如第三人不於十日之期間內異議，亦未依該命令履行時，執行法院得因債權人之聲請，逕向該第三人強制執行（同條第二項）。惟畢竟債務人與第三人間之權義關係並未經判決確定，故第三人仍得否認債務人之債權或其他財產權之存在，或對其數額為爭執或主張其他得對抗債務人請求之事由，並以之對債權人提起異議之訴（同條第三項）。若第三人已於法定期間提出異議者，執行法院應通知債權人。債權人對於第三人之聲明異議認為不實時，得於收受通知後十日內向管轄法院提起訴訟，並應向執行法院為起訴之證明及將訴訟告知債務人。債權人未於前述期間內為起訴之證明者，執行法院得依第三人之聲請，撤銷所發執行命令（第一百二十條）。

四、對於其他第三人之效力

㈠第三人之財產被誤封時

執行法院對於第三人所有之財產誤以為債務人所有而予查封時，第三人得依第十二條規定，向執行法院聲明異議。執行法院如經查明該財產確非債務人所有者，應撤銷其執行處分（第十七條），或諭知債權人，經其同意後，撤銷強制執行（第十六條）。若有爭執，則第三人得於強制執行程序終結前，依第十五條規定，提起第三人異議之訴，以謀救濟。倘強制執行程序業已終結，亦得本於其原有之所有權，提起本權訴訟（民法第七百六十七條）請求排除對於所有權之侵害（註三二）。

㈡第三人因買賣取得查封物時

　　查封實施後，債務人就查封物所為移轉，對於債權人不生效力（第五十一條第二項），已如前述。此時若債權人主張移轉無效時，不論第三人之取得查封物是否出於善意，均不能取得所有權，執行法院自得將其取回。惟如債權人不主張其移轉為無效時，仍可取得所有權。

㈢第三人之占有查封標的物

　　第三人於查封前已占有查封之動產者，除查封時第三人同意查封，將占有之動產交由執行法院處理外，執行法院因對第三人無執行名義，故不得排除第三人之占有而進行查封，此時僅得依強制執行法第一百十六條第一項規定發扣押命令後，予以強制執行。至查封之標的物為不動產者，　如第三人之占有不動產係在查封之前，　且對其為無權占有不爭執(註三三)；或其占有係於查封物設定抵押權之後，且對抵押有影響，經執行法院除去其地上權、永佃權、典權或租賃關係；或第三人之占有係於查封後占有者，執行法院於拍賣後，應解除其占有，點交於買受人或承受人（第九十九條第一項、第二項）。

〔伍〕 查封效力之客觀範圍

　　查封對於查封物發生查封效力，固不待言，惟其效力是否及於下列範圍，則有討論之必要：

註三二　參照司法院院字第五七八號、第一三七〇號、第二六三號㈠、㈢解釋。
　　　　最高法院五十一年臺上字第一五六號判例。

註三三　舊法第九十九條對於查封前已占有拍賣不動產者，　並無得逕行強制執行點交之規定。蓋查封前債務人如欲對第三人請求返還，尚須取得命第三人返還不動產之執行名義，今因強制執行結果，竟得對第三人執行返還，似有擴大後手（買受人）大於前手（債務人）權利之嫌。

一、查封物之成分與從物

不動產之出產物，尚未分離者，為該不動產之部分（民法第六十六條第二項），故查封不動產時，不動產上如有未經分離之出產物，如花木、禾苗等，解釋上自應為該查封之效力所及。惟依民法第七十條第一項規定，有收取天然孳息權利之人，其權利存續期間內，取得與原物分離之孳息。而此項孳息之取得，通說均認係原始取得。故債務人如係土地所有人而土地被查封時，若土地之出產物另有他收取權人（例如農地之承租人）時，查封效力應解為不及出產物(註三四)，倘執行法院將土地之出產物一併查封，收取權人得依強制執行法第十二條規定聲明異議，或依同法第十五條規定，提起第三人異議之訴(註三五)。倘收取權人為債務人時，查封出產物，須於一個月內可以收穫者始得為之（第五十三條第一項第五款）。又非主物之成分，常助主物之效用，而同屬一人者為從物。主物之處分，及於從物（民法第六十八條）。故學者有主張查封之效力及於從物者(註三六)。惟從物係一獨立之物，雖其有常助主物之效用，除交易上別有習慣外，其處分之效力及於從物，如查封時，未一併將從物查封，查封之效力是否當然及於從物，非無疑義，惜本次修正對此並未一併修正規定。

二、查封物之天然孳息

新法第五十一條第一項規定：查封之效力，及於查封物之天然孳息。所謂天然孳息係指果實、動產之產物及其他依物之用法所收穫之出產物（民法第六十九條第一項）。惟天然孳息之收取權之人若非債務人（民法第七十條第一項），自應解為查封之效力應不及於該天然孳息。至法定孳息，依舊法第五十一條第一項規定，有解為應為查封效力所及者(註三七)。

註三四　同說：參照陳世榮著，第一七六頁註一。
註三五　參照最高法院七十四年三月五日民庭庭推會議決議。
註三六　參照楊與齡著，第四三九頁。
註三七　參照拙著，研究㈡，第一八五頁。

惟法定孳息係因法律關係所得之收益（民法第六十九條第二項），為債務人基於法律關係對於第三人之請求權，例如債務人將土地出租於第三人所得收取之租金，自難以查封土地之結果，認其效力及於債務人向第三人得請求租金之請求權。此時，應依第一百十五條以下之規定，執行其對第三人之請求權。

三、查封物之賠償金或代位物

查封物滅失時，如因滅失而得受有賠償金或代位物時，查封之效力是否及於該賠償金或代位物？學者有認宜比照查封之效力及於查封物天然孳息之規定辦理者(註三八)。惟在賠償義務人提出賠償金或代位物前，單就賠償請求權，即認在查封之效力所及，則將擴大執行名義之效力及於第三人，似非所宜。故吾人主張僅能以賠償義務人已提出給付者為限，認為查封之效力所及(註三九)。賠償義務人未提出給付者，法院得依第一百十五條以下之規定，執行債務人對賠償義務人之賠償請求權。

四、區分所有權之共用部分

依公寓大廈管理條例第四條第二項規定：專有部分不得與其所屬建築物共用部分之應有部分及其基地所有權或地上權之應有部分分離而為移轉或設定負擔。則查封區分所有權時，應將其共用部分及其基地所有權或地上權之應有部分一併查封，否則即無從拍賣，解釋上似可類推查封效力及於從物或從權利之法理處理。

〔陸〕其他與查封效力之相關問題

一、查封與共有物之分割

共有物之應有部分經法院實施查封後，共有人（包括執行債務人及其他非執行債務人之共有人）可否依民法第八百二十四條規定之方法，

註三八　參照楊與齡著，第四三九頁。
註三九　參照司法院釋字第五〇號解釋。

請求分割？按共有物之分割係處分行為之一種，共有物之應有部分遭查封後，債務人即不得處分該查封之應有部分。故如債務人與其他共有人為協議分割，而其分割結果有礙強制執行之效果者，對於債權人不生效力（第五十一條第二項）。至於裁判上之分割，因係法院基於公平原則，決定適當之方法而為分割共有物，自不發生有礙執行效果之問題，從而債權人亦不得主張無效(註四○)。從而經裁判分割後，查封之效力，當然僅及於該債務人因分割取得之特定部分，自不待言。

二、查封與最高限額抵押權

查封有禁止債務人處分查封物之效力，若查封物設有最高限額抵押權存在，經查封後，任令繼續增加抵押債權，將損及執行之效果(註四一)。故最高法院認為：最高限額抵押權之標的物，經第三人之聲請強制執行而查封者，自最高限額抵押權人知悉該事實後，最高限額抵押權所擔保之債權即告確定(註四二)。法務部之民法物權編修正草案初稿第八百八十三條之十第六款規定：最高限額抵押權所擔保之債權，其抵押物因他債權人聲請強制執行經法院查封，而為最高限額抵押權人所知悉，或經執行法院通知最高限額抵押權人者而確定。可知查封抵押物時，有使最高限額抵押權所擔保債權確定之效力。

三、查封與行政執行

債務人之財產先經行政執行機關查封者，執行人員於實施強制執行時，不得對之再行查封。此時執行法院應將執行事件連同卷宗函送行政執行機關合併辦理，並通知債權人（第三十三條之一第一項、第二項）。

註四○　參照最高法院六十九年七月二十九日民庭庭推總會決議。

註四一　參照司法院七十年十月十四日(70)秘臺廳(一)字第○一七○七號函(二)依強制執行法第五十一條第二項規定，要應解為抵押物查封後，該抵押權因借貸、票據或與此相類似關係而取得之新債權，有礙執行效果時，對於執行債權人不生效力，始符該條項原意。

註四二　參照最高法院七十八年八月一日民事庭會議決議。

行政執行機關就已查封之財產不再繼續執行時，應將有關卷宗送請執行法院繼續執行(同條第三項)。而執行法院已查封之財產，行政執行機關，亦不得再行查封。此時行政執行機關應將執行事件連同卷宗送法院合併辦理，並通知移送機關。執行法院就已查封之財產不再繼續執行時，應將有關卷宗送請行政執行機關繼續執行(第三十三條之二)。又按法院查封債務人之財產，並無排除國家行政機關基於行政權之作用，對該財產所為行政處分之效力。行政處分是否具有排除法院依國家公權力對該財產實施查封拍賣之效力，要視具體案件，行政機關限制處分之目的，及法院受理民事事件之性質，其執行名義有無迫及該受限制處分財產而受清償之效力，而可能有不同之結果。國家行政機關依法律之規定，以沒入處分取得財產所有權者，係原始取得，一經處分確定，其原存於該財產之權利概歸消滅，其權利之登記亦須相應除去，其上之原查封登記，亦應一併塗銷(註四三)。

四、違建之查封與行政拆除令

違章建築在實務上認其仍得為財產權之標的物，債權人自得聲請對債務人所有之房屋查封拍賣。經查封之違章建築，雖有禁止債務人處分（包括法律上與事實上之處分）之效力，但無禁止行政機關依法拆除違章建築之效力。故如查封之違章建築經主管機關依法認定應拆除時，仍可本其行政權之作用予以拆除，無庸函請法院予以啟封。惟拆除後，因執行標的物已失其存在，法院自不得繼續執行，應命債權人查報其他財產以供繼續執行(註四四)。

註四三　參照司法院七十六年八月十四日(76)秘臺廳(一)字第〇一六二八號函、同院七十七年二月二十二日(77)秘臺廳(一)字第〇一一五號函。

註四四　參照司法院七十二年四月十三日(72)廳民(一)字第二五二號函。

〔柒〕結　語

　　綜上討論，本次強制執行法之修正，強化查封之效力，對於債權人債權之保護有相當之俾益，值得肯定。

破產法第一百四十九條免責問題之探討

要　目

（本文原載於《月旦法學雜誌》，第五○期）

破產法第一百四十九條免責問題之探討

〔壹〕前　言

　　破產法第一百四十九條規定：破產人依調協或破產程序已受清償者，其債權不能受清償之部分，請求權視為消滅。但破產人犯詐欺破產罪而受刑之宣告者，不在此限。本條規定，學者稱之為免責規定。按債務人之財產為總債權之擔保，故當債務人不清償債務時，債權人於取得執行名義後，即得對於債務人之財產強制執行。債務人之財產足以清償全部債務時，固無問題，若債務人之財產不足清償全部債務時，倘任債權人聲請對債務人強制執行，債權人必爭先恐後，後來之債權人可能不獲清償，導致破壞債權平等之原則。因此，有破產制度，將債務人之總財產做一次清理，使全體債權人之債權平等受償。就其不足清償債務之部分，其處理之方式，在大陸法系國家，原係採不免責主義，例如德國破產法(Konkursordnung)第一百六十四條第一項規定，破產程序終結後，未受清償之債權，得對債務人無限制主張其債權。即採不免責主義，日本昭和二十七年修正前之破產法亦採之(註一)。而在英美法系國家，則採免責主義(註二)。惟近年來，大陸法系國家如德、日、法諸國，均受英美法影響

註一　參照日本昭和二十七年修正破產法第二百八十七條第二項。井上薰著，《破產免責概說》，平成四年，第三十八頁。拙著，《破產法論》，三民書局，八十一年，第二十二頁。

註二　關於英國破產制度請參看陳希彥著，〈中法英破產法之免責制度之功能〉，《司法院研究年報》，第十八輯第三篇，第三十七頁以下。邱琦著，〈破產法

而有改採免責主義之趨向。我國破產法於民國二十二年制定時，即採免責主義，可謂相當先進之立法，惟其內容則失之簡略，發生諸多問題，各界有相當多之意見(註三)。本文擬對本條規定作一討論，並就教於法界諸先進。

〔貳〕免責主義之理論基礎

債務人對於其所負債務，應有履行之義務。故債務人提供其全部財產清理債務後，仍有不足，就其不足之部分，將來如有履行之可能時，仍應履行。此為向來一般國民的理念及法律之要求。然則，時至今日何以債務人經過破產程序後，其清償不足部分之債務，可以發生免責之效果，其理論依據何在？學者從不同觀點，有不同之說明：

有從財產責任的觀點，謂債權恆以財產為其成立之前提，常以財產為限之有限責任為其擔保。此點，自然人與法人並無不同，法人既能以其財產為限，對其債務負責，自然人亦應無不同。自然人雖為人格性道德之主體，同時亦為財產之主體。經破產程序將全部財產清算後之主體，係經經濟性脫胎，財產主體性更新之主體。如此，新主體對於清理後不足之債務，自應免責(註四)。

有從債務人更生之立場，主張為使誠實債務人之經濟有易於更生之機會，使其免除債務中之責任(Haftng)。蓋「契約必須嚴守」(Pacta sunt servanda)雖係羅馬法以來被遵守之原則，債務人就其所負債務固有履行

上免責制度之研究〉，《司法院研究年報》，第十七輯第七篇，第四十二頁以下。拙著，前揭書，第二十四頁。

註三　參照司法院編，《破產法修正意見彙編》，八十二年，第一二五至一三○頁。拙著，《程序法之研究》，第一六九頁以下。

註四　參照兼子一著，〈破產免責法理〉，《民事法研究》，酒井，一九五四年，第一三三頁。

之責任，惟如過度強調此一原則之保障，從基本人權之觀點言，常使債務人負擔過重之責任。為平衡及保障債務人之人權，應減免其責任，使其有更生之機會，故可免其責任(註五)。

　　吾人以為免責之理論基礎，應從權利相對化的基點出發，首先應肯定權利之行使，可以法律為相當之限制。再從利益衡量的觀點，分析債務不能清償之原因，係基於社會經濟因素之原因，或純債務人個人之因素所致，如係因社會經濟因素所致，此項不能清償之責任是否應由債務人一人承擔？例如年來之世界性經濟風暴使諸多企業經營發生困難，而瀕臨倒閉或甚至破產，此時從社會公平之立場，考量債權人是否應分擔部分此項不利益。再從人道與人性上考量，債務人若提供全部財產供清理後，已無財產，倘破產終結後，仍須清償不足額部分之債務，能否期待其繼續努力生產？一輩子努力，有無清償全部債務可能？債務人之基本人權是否受到適度之尊重？由以上諸因素去考慮免責主義，則在一定條件下，債務人之債務可以免責之思想，應可支持。此亦可解為係近來各國破產法越多採取免責主義之緣由。

〔參〕我國破產法所定免責制度之商榷

一、現行法免責規定之特點

　　依破產法第一百四十九條規定，我國免責制度有如下之特點：

(一)採當然免責之規定

　　即債權人依調協或破產程序已受清償者，其債權未能受清償部分，除債務人因受破產詐欺罪而受刑之宣告者外，當然發生免責之效果，毋庸經法院之裁判。

(二)清償之成數，並無限制

　　換言之，不論債權人受償債權之比率多少，不足部分債務人均免責。

註五　參照井上著，前揭書，第七十六頁以下。

(三)免責之條件

只須債務人不因破產詐欺罪而受有罪之宣告即可。

(四)免責債務之範圍

係以債權人依調協(註六)或依破產程序已受清償，而其債權未能受清償部分為範圍，則如債權人未依破產程序申報債權，或雖申報債權，而未依破產程序受清償（例如中止破產）時，依條文規定似不免責。學者對此雖有異論(註七)，惟實務上則認：破產債權人不於規定期限內向破產管理人申報其債權，依破產法第六十五條第一項第五款規定，僅不得就破產財團受清償。其所持債權不因未向破產管理人申報而消滅，故仍得於破產程序終結後，向原債務人求償(註八)。不生債權請求權消滅之效果。似較符合法條所定免責要件。

二、現行法免責規定值得商榷之處

破產法第一百四十九條關於免責規定過於簡略，值得檢討之處甚多，舉其要者：

當然免責規定之商榷：破產程序終結後，債權人未受清償部分之債權，債務人是否當然發生免責之效果。從比較法之觀點言，無論英美或德(Insolvenzordnung)(註九)日之立法，均採須經債務人聲請，由法院裁定

註六　債權人依調協受清償者，其未受清償部分，原即為債權人因調協而讓步部分之債權，理論上，債務人既已依調協履行債務完畢，其餘債權即因讓步而消滅（參照民法第七百三十七條）。依破產法第一百四十九條規定，似認其債權仍存在，僅請求權消滅而已，似值商榷。

註七　參照陳榮宗著，《破產法》，三民書局，七十五年，第三八一頁。

註八　參照司法行政部民事司編，《民事法律問題彙編》第三冊，六十七年五月，第一七八二頁。

註九　德國在一八九八年制定公布之破產法稱之為Konkursordnung，為舊法，一九九九年一月一日施行之新法則稱為Insolvenzordnung，譯為倒產法，參照司法院編印，德國新倒產法。

免責之主義(註一○)。基本上免責係對於債務人之一種優遇，此種優遇，債務人自得自由處分。因之，是否享受此一優遇，可由債務人自由決定是否向法院為免責之聲請，同時債務人是否合於免責之條件，亦應由法院審查，蓋此尚涉及債權人之利益，並可杜爭議。破產法採取當然免責主義是否妥適，不無疑義。

免責規定過於寬鬆之商榷：破產法第一百四十九條關於免責之要件有二，即債權人已依調協或破產程序受清償，債務人未犯詐欺破產罪而受刑之宣告。就此規定與外國法關於免責之條件相比較，是否應考慮以下幾點：

最小清償比率問題，從我國歷來對於破產事件處理之統計，債權人之受償額最高者為其債權百分之十九點六，最低者僅千分之六(註一一)。債權人之債權幾無保障，免責對於債權人權利行使之限制是否合於比例原則？有無侵害憲法第十五條關於財產權保護之規定？亦有疑問。

不免責之事由，是否僅以破產人未依詐欺破產罪受刑之宣告一種事由為限。應否考慮其他不得免責之事由，例如德國倒產法(Insolvenzordnung)第二百九十條、第二百九十五條、第二百九十七條、第二百九十八條之規定，日本破產法第三百六十九條之九所列五款規定是。

關於免責之效力，現行法對於免責效力所及債權人之範圍，雖未規定，惟實務上及一般通說見解，認僅對已申報破產債權，依破產程序受清償之債權人發生免責效果，對不依破產程序申報債權之債權人，不生免責效果，則於破產財團甚少時，因債權人不申報債權而使破產人不能獲得免責之利益，對於申報債權之債權人亦不公平，有無擴大其範圍增大破產制度功能之必要？又免責之效力，是否僅請求權消滅，抑債權本身一併消滅？亦屬值得檢討問題。

註一○　參照邱琦著，前揭研究報告。

註一一　參照前揭意見彙編，第一二六頁。

〔肆〕破產法修正草案第一稿(註一二)之規定

破產法第一百四十九條規定，過於簡略，諸多缺點有如上述，司法院破產法研究修正委員會經多次會議，遂作成修正草案一稿，茲就其修正方向，說明如下：

一、由當然免責主義改採裁定免責主義

換言之，破產人於有免責之事由時，須聲請法院以裁定免除其對於破產債權人之債權未能受清償部分之債權。破產人為此免責之聲請，法院於裁定前，應公告使債權人對於免責之聲請有陳述意見之機會。又因免責之裁定，對於破產人、破產債權人及其他利害關係人之權利均有重大影響，故規定對於免責之裁定，得為抗告。

二、擴大破產人得聲請免責之範圍

債務人之財產不敷清償破產程序之費用時，在實務上係以裁定駁回破產之聲請(註一三)。惟依修正草案一稿第六十三條之二第一項規定，法院仍應為破產之宣告，並同時以裁定宣告破產終止。又依同草案一稿第一百四十八條規定，破產宣告後，如破產財團不敷清償財團費用及財產債務時，法院得因破產管理人之聲請或依職權以裁定宣告終止破產程序。上述二種情形，破產債權人均未能依破產程序受清償，債務人可否免責，即有爭議。又依草案一稿第六十五條第五項規定，債權申報期間屆滿，無債權人申報債權者，法院得以裁定延長申報期間，逾期仍無申報者，法院應以裁定終止破產程序。另依草案一稿第一百四十八條之一第一項規定，破產人於申報期間屆滿後，經已申報債權人之同意，得向法院裁

註一二　司法院於八十二年七月組織破產法研究修正委員會，對於破產法作全面研究修正，並就已初步研究修正完成之草案，定為修正草案第一稿（以下簡稱修正草案一稿）。

註一三　參照司法院院字第一五〇五號解釋、最高法院四十九年臺抗字第九六號。

定宣告破產終止。上述二種情形，破產債權人亦未依破產程序受有清償。債務人可否免責亦有疑義。故草案一稿第一百四十九條第一項，明定法院於破產終止之裁定確定後，破產人即得聲請免除債務，擴大債務人得免責之範圍。

三、免責由請求權之消滅，修正為債務之免除

第一百四十九條之規定為「其債權未能受清償之部分，請求權視為消滅」，修正草案一稿則為「免除其對於破產債權人之債權未能清償部分之債務」。前者，債權之本體並不消滅，因請求權消滅之結果，變為自然債務，債務人仍得自由清償，債權人受償亦不生不當得利問題；後者，則債權本體因免除而消滅（民法第三百四十三條）。由前述免責之理論基礎言，免責是否須及於債權本體一併消滅，尚非無疑義。

四、不免責之事由之擴大

破產法第一百四十九條關於不免責之事由，僅有債務人因詐欺破產罪而受刑之宣告一項，過於寬鬆有如前述，且詐欺破產犯行之證明困難，免責規定有被濫用之虞。為補救此一缺失，修正草案一稿第一百四十九條之一規定，有下列各款情形之一者，法院應以裁定駁回前條第一項（即免除債務）之聲請：

各破產債權人受償額於破產程序終止或終結後三年內未達其債權額百分之三十者。按債務人提供其財產清理債務後，就其未能清償之債務，如全部轉嫁由全體債權人分擔該損失，自屬不公平，且債務人清償之能力，債務人自己最為清楚，竟拖延不為致不能清償百分之三十，債務人亦難辭其咎，為公平計，自須使債務人至少自負百分之三十以上之清償責任，此項自負責任如不能於破產程序終止或終結後相當時間內達成，即不予免責，用促債務人之履行。但破產人於受破產之原因無過失者，則不適用不免責之規定，以免過苛。

依第一百四十八條之一規定終止破產者：草案初稿第一百四十八條之一第一項規定，破產人申報債權期間屆滿後，經已申報債權人全體同

意，得聲請法院裁定宣告破產終止（第一項）。前項聲請，如破產人為法人者，財團法人應先經主管機關為法人存續之許可，社團法人應先依變更章程之規定為法人存續之決議（第二項）。此時債權人並未有拋棄其破產債權之意思，故不宜予破產人免責。

依第一百三十六條之二第一項第一款至第四款之規定續行破產程序者：按調協計畫係於宣告破產後，再予破產人參與履行債務之機會，如破產人有草案初稿第一百三十六條之一第一項第一款至第四款之原因而續行破產程序(註一四)，足證破產人係在利用調協程序，拖延破產程序，故亦不宜予破產人免責。

破產人有第一百五十二條至第一百五十四條或第一百五十六條所定之行為或故意違反本法所定之其他義務者，足見破產人惡性重大，顯無履行破產債務之誠意，故亦不予免責。

破產人於破產宣告之聲請前一年內，已有破產之原因，而隱瞞其事實，使他人與之為交易致生損害者，足見破產人從事交易欠缺誠信，為保障債權人之利益，對於具有惡意之破產人自不宜予免責。

破產人於破產宣告前七年內曾獲免責者，對於此種破產人不予免責，以免其濫用免責之優遇。但破產人於受破產宣告之原因無過失者，則不適用不免責之規定，以免限制過苛。

五、不免責之債務

現行第一百四十九條關於免責之規定，於各種債權均有適用，失之過寬，故修正草案初稿，仿日本之立法例，設有不免責債務之規定，草案第一百四十九條之三規定：下列債務，不適用第一百四十九條第一項

註一四　草案第一百三十六條之二第一項規定：破產人有下列各款情形之一者，法院應依聲請或依職權續行破產程序：一、破產人經法院傳訊無正當理由不到場者。二、破產人拒絕答覆監督協調計畫履行之人之詢問或為虛偽之陳述者。三、破產人有虛報債務、隱匿財產或對於債權人中之一人或數人允許額外利益之情事者。四、破產人故不履行調協計畫者。

之規定：

罰金、罰鍰、怠金、追繳金及其他行政規費，該債權或為國家對破產人之財產罰，或為應徵之行政規費，如可免責，則有違國家制定財產罰及徵收行政規費之本旨。

破產人因故意或重大過失侵權行為所生之損害賠償義務，此項債務係因可歸責於破產人之事由所生，且破產人具有惡意，故列為不免責債務，不予免責。

第九十七條第四款所定之債務：依修正草案初稿第九十七條第四款規定，在破產宣告前六個月內，破產人本於勞動契約所積欠之勞工工資而不能依他項方法受清償者，應優先於破產債權，隨時由破產財團清償之。惟為保障勞工之基本生存權，該項債權未受清償部分，亦列為非免責債務。

因不可歸責於破產債權人之事由致未申報之破產債權，破產人對該債權清償額未達申報之破產債權受償比率之債務。

六、免責之效力

免責之效力依修正草案第一稿第一百四十九條之二規定：「免除破產人債務之裁定確定時，除別有規定外，對於已申報及未申報之破產債權人均有效力。破產人之保證人、為破產人設定擔保物權之第三人及其他求償權人亦同」（第一項）。「前項規定不影響破產債權人對於破產人之保證人、為破產人設定擔保物權之第三人及其他共同債務人之權利」（第二項）。換言之，免責之效力不以已申報債權之債權人為限，未申報債權之債權人除有第一百四十九條之三第四款之情形外，其效力亦及之。並及於對破產人有求償權之保證人、物上保證人及連帶債務人。故保證人等履行其保證等債務後，破產人因免責之結果，亦不能對其求償。

七、免責之撤銷

法院准許債務人免責之裁定後，發現破產人有不誠實而獲免責之情形，自應撤銷免責之裁定，始符公平。故修正草案初稿第一百四十九條

之六規定，於破產人因犯詐欺破產罪，經判決有罪確定，破產人以不正當方法獲致免責之情形，法院得依職權，破產債權人或檢察官之聲請，撤銷免責之裁定。

〔伍〕結　語

　　破產制度之目的，從今日的觀點言，不僅在清理債務人之債務，同時對於自然人之破產人於清理後，賦予其經濟復甦之機會，並尊重其人權，為現代法之要求。蓋在法人（或非法人團體）之情形，其一旦被宣告破產後，該法人格（或法地位）即歸消滅，僅在清算階段擬制其人格（或法地位）繼續而已。故於清算完畢時，其人格已消滅，其所欠而未能清償部分之債務，除有保證人或連帶債務人之情形，債權人可依保證或連帶債務關係，對保證人或連帶債務人繼續請求外，該債務即因債務人不存在而歸消滅。但在債務人為自然人之情形，其人格並未因清算終結而消滅，若其不能清償之債務仍令其繼續負責，則較之同為法律上人格者之法人，顯有不公平之處。甚至有壓迫個人企業之嫌。再從現代經濟體系言，經濟活動常受社會、國家甚至國際經濟情勢之影響，則受此影響所致之不利益，若全由企業個人負責，亦非公平。債權人應否分擔部分之不利益，以盡其社會責任？自值思考。故破產法導入免責制度，基本上吾人認為係正確的方向。惟債務人免責之結果，對於債權人債權之行使自然有所妨礙，則在債務人與債權人利益衝突間如何求其平衡，即為免責制度如何建立問題。破產法第一百四十九條之規定不完美，有如上述，而修正草案一稿對其缺點，已參酌外國法例修正補救，吾人至為敬佩。

　　須附帶說明者，於法人破產之情形，雖無免責問題，但因法人破產人格消滅，實際上清償不足部分債權。除該債權有保證人或連帶債務人時，債權人可向其請求清償外，該債權即發生實質的免責效果，對於債

權人未必不公平。故修正草案一稿第一百四十九條之五，乃參考日本商法第二百六十六條之三、法國倒產法第一百八十條及英國破產法第二百十四條規定，就受償債權額不足三成之部分，令法人之董事全體負連帶補足之責任，以與上述免責之規定取得平衡。但董事能證明其執行職務無故意或重大過失者，自可不負連帶補足責任。

司法院釋字第三○○號解釋與其後破產法相關規定修正之評釋

要　目

（本文原載於《司法院大法官釋憲五十週年紀念論文
集》）

司法院釋字第三○○號解釋與其
後破產法相關規定修正之評釋

〔壹〕前　言

　　破產法自民國二十四年七月十七日公布，同年十月一日施行，迄今已六十餘年，其間雖曾三度修正，前二次無涉憲法，八十二年七月三十日之第三次修正，則係因司法院釋字第三○○號解釋，認「（舊）破產法(註一)第七十一條第二項『羈押期間不得超過一個月，但經破產管理人提出正當理由時，法院得准予展期，每次展期以一個月為限』之規定，其中但書對羈押展期之次數未加適當限制部分，與憲法保障人民身體自由之本旨不合，應儘速加以修正，至遲應於本解釋公布之日起屆滿一年時停止適用」而為。就破產人人身自由之保障言，雖有進步，惟該號解釋本身及其後破產法依該解釋所為之修正，仍有若干值得商榷之處，謹提出個人淺見，就教於法界諸先進，並聊表對於大法官釋憲五十週年敬賀之意。

〔貳〕司法院釋字第三○○號解釋之評釋

一、本號解釋聲請之緣由

　　本號解釋係緣於破產人黃○○之聲請，以臺灣高雄地方法院與臺灣高等法院高雄分院，適用（舊）破產法第七十一條第二項規定對於聲請

註一　舊破產法係指八十二年七月三十日修正公布前之破產法，為著者所附加，以
　　　下同，合先說明。

人即破產人之羈押，先後五次展期，及駁回聲請人展期羈押抗告之確定裁定，適用之（舊）破產法第七十一條第二項發生牴觸憲法第八條、第十二條、第二十三條保障人民身體自由權利之疑義，侵害聲請人之自由權利等語(註二)，為其理由。

二、本號解釋文之內容及其理由書中附帶之論點

　　本號解釋文謂：（舊）破產法第七十一條第一項之規定「破產人有逃亡或隱匿、毀棄其財產之虞時，法院得簽發押票將破產人羈押」。為保全破產財團之財產，維護全體債權人之利益，俾破產程序得以順利完成，固有必要。惟同條第二項「羈押期間不得超過一個月，但經破產管理人提出正當理由時，法院得准予展期，每次展期以一個月為限」之規定，其中但書對於羈押展期之次數未加適當限制部分，與憲法保障人民身體自由之本旨不合，應儘速加以修正，至遲應於本解釋公布之日起滿一年時停止適用。在法律修正前適用上開現行規定，應斟酌本解釋意旨，慎重為之。至破產人有（舊）破產法第一百五十二條至第一百五十九條犯罪嫌疑者，應移送檢察官偵查，於有必要時由檢察官依法羈押，乃另一問題，併此說明。並於理由書中附帶論及：應就羈押之名稱是否適當，展期次數或總期間如何限制，以及於不拘束破產人身體自由時，如何予以適當管束？暨違反管束時，如何制裁等項通盤檢討等語。

三、對於本號解釋之評釋

㈠舊破產法第七十一條規定有無違憲之疑義

　　舊破產法第七十一條第一項規定：「破產人有逃亡或隱匿、毀棄其財產之虞時，法院得簽發押票將破產人羈押」。同條第二項規定：「羈押期間不得超過一個月，但經破產管理人提出正當理由時，法院得准予展期，每次展期以一個月為限」。準此規定，就憲法保障人民身體之自由而言，有幾點值得檢討之違憲疑義：

　　1.構成破產人羈押要件之行為言，破產人有逃亡或隱匿、毀棄其財產

之虞之行為本身，尚不構成刑法或破產法上之可罰性犯罪行為，而羈押係對於有可罰性行為人身體之強制處分（參照刑事訴訟法第一百零一條），破產人之上述虞慮行為尚未構成刑事犯罪之程度，竟依刑事犯之強制處分予以羈押，難免有違憲之疑問。

2. 刑事犯之可罰性行為，其行為之反社會性與上述破產人之虞慮行為相較，刑事犯之可罰性行為較為嚴重不待詳言，刑事犯之羈押行為，於刑事判決有罪確定後，尚有刑期可得折抵（刑法第四十六條），以為平衡，而上述破產人之羈押，則無相對應之平衡制度，其規定不無輕重失衡之疑問。

3. 或謂破產人之羈押，係為保全破產財團之財產，維護全體債權人之權益，俾破產程序得以順利完成，有其必要性，但其採用之羈押人身自由手段與前述目的之達成間，是否合於比例原則(Verhältnismässigkeitsgrundsatz)，外國立法例如日本之監守制（日本破產法第一百四十九條）是否無可採取？亦與有無違反憲法第二十三條之疑義相關聯。

4. 羈押期間雖規定「不得超過一個月，但經破產管理人提出正當理由時，得准予展期，每次展期以一個月為限」。按破產人依破產法第七十一條規定羈押原因有二，一為破產人有逃亡之虞，二為破產人有隱匿、毀棄其財產之虞。就破產人有逃亡之虞之情形言，姑不論對於破產人就其身體為羈押之處分之合憲性有其爭議，既已羈押長達一個月，破產人之財產理論上已可由破產管理人接管占有，破產法院是否尚應因破產管理人提出正當理由而准展期羈押，且可一再展期而無次數限制，較之刑事被告之羈押尚有一定次數之限制（參照刑事訴訟法第一百零八條），顯有輕重倒置，侵害憲法所保障人身自由疑義。

(二)對於本號解釋之評析

1. 本號解釋肯定舊破產法第七十一條第一項關於破產人羈押規定之合

憲性，認係為保全破產財團之財產，維護全體債權人之利益，俾破
產程序得以順利完成所必要，為其解釋之基礎，並於理由中說明，
應就羈押之名稱是否適當，應予通盤檢討等語。按人民身體之自由
應予保障，憲法第八條第一項開宗明義即已揭示。固然，依同法第
二十三條規定，於「為防止妨礙他人自由，避免緊急危難，維持社
會秩序或增進公共利益所必要者」之情形，得以法律限制之。但其
限制仍須符合比例原則（或稱相當性原則Verhältnissmässigkeits-
grundsatz）(註三)。換言之，破產法對於破產人非犯罪之行為，欲拘
束破產人之身體自由時，其目的與手段間，應保持有合理之關係。
詳言之，法律對於破產人身體自由之拘束或限制，須有必要性(
erforderlich)、妥當性(angemssen)，並符合狹義的比例原則(Verhältnis-
mässigkeit im engerein Sinnne)。而所謂必要性原則(Erforderlichkeit)
係指最少的侵害(geringstmöglichen Eingriffs)，即當有其他同樣有效
且對破產人之基本權利侵害較少之措施可供選擇時，即應選擇最少
的侵害，否則即為違背必要性原則。又所謂妥當性原則(Geeignetheit)
係指所採行之措施（管收）須能實現保全破產財團財產、維護全體
債權人之利益，俾破產程序得以順利完成之目的，並且為正確之手
段。而所謂狹義的比例原則，係指手段不得與其所追求之目的，不
成比例(ein Mittel dürfen nicht ausser Verhältnis zu den angestrebten
Zweck stehen)，是否成比例，則應依具體個案，為利益之衡量(Güter-
abwägung)(註四)。就構成破產人羈押之構成要件行為言，破產人有

註三　參照本院釋字第四三六號等解釋意旨。

註四　參照謝世憲著，〈論公法上之比例原則〉（載於城仲模主編，《行政法之一般
　　　法律原則》，三民書局，八十三年，第一二五頁）。石川明譯, Max Vollkommer:
　　　Verfassungsmassigkeit der Vollstreckungszugriffs (Rechtspfleger 1982.1)〈執行
　　　の合憲性〉，及 Peter Arens: Der Verhätnismässigkeitsgrundsatz in der
　　　Zwangsvollslreckung強制執行における相當性の原則（該二文獻載於《憲法

逃亡或隱匿、毀棄其財產之虞之行為，並非構成刑法或破產法上有可罰性之犯罪行為，自不可採用與可罰性行為相同之羈押強制處分。對此本號解釋於理由中，僅點出「應就羈押之名稱是否適當」作通盤檢討，而未宣告其以刑事羈押為人身體之強制處分為違憲，已不無遺憾。退而言之，縱令法條用「羈押」之文句有不當，而如修正條文之用「管收」，畢竟亦屬拘束人民身體自由之處分，則法律限制憲法所保障之人身自由時，依上說明，仍應符合比例原則。按為防止破產人有逃亡之虞或隱匿、毀棄其財產之虞之手段，管收固屬其一，但除管收之外，例如日本破產法第一百四十九條所定之監守，亦不失為一有效之方法，其他類似對於刑事被告措施之限制住居、出具保證書或責付（刑事訴訟法第九十三條第三項），或強制執行法第二十二條之出具保證書，亦可收防止之效。本號解釋理由，雖提及「於不拘束破產人身體時，如何予以適當管束暨違反管束時如何制裁等項通盤檢討，儘速加以修正」，似已注意及比例原則之適用，但未以其以拘束破產人身體為手段之規定，已違背比例原則中必要性原則，宣告其為無效，反謂「其為保全破產財團之財產、維護全體債權人之權益，俾破產程序得以順利完成，固有必要」云云，理論上不無商榷之處。

2. 本號解釋認（舊）破產法第七十一條第二項之規定，「其中但書對羈押展期之次數未加適當限制部分，與憲法保障人民自由之本旨不合，應儘速加以修正」部分，係從比較強制執行法再行管收之規定，及刑事訴訟法關於延長羈押之規定，以舊破產法第七十一條第二項但書關於羈押展期次數未加限制之規定，顯欠妥當，易被濫用，認有違憲法保障人民身體自由之本旨。從破產人之羈押規定言，已難謂無違憲，其就展期羈押又無次數言，其規定之違憲，更不待言。

と民事手續法》一書，慶應義塾大學法學研究會發行，昭和六十三年），第一六四、一九三頁。

3.本號解釋最後一段謂「至破產人有破產法第一百五十二條至第一百五十九條犯罪嫌疑者應移送檢察官偵察，於有必要時，由檢察官依法羈押(註五)，乃另一問題，併此敘明」。此部分之解釋意旨，似在揭示破產人之羈押與刑事被告之羈押，採平等併行主義。惟破產人羈押之事由僅為破產人有逃亡之虞或隱匿、毀棄其財產之虞之輕度行為，破產法第一百五十二條至第一百五十九條之行為，則屬高度之犯罪行為，若破產人之行為，已具備重度之犯罪行為，而有逃亡之虞，或以隱匿、毀棄其財產（破產法第一百五十四條第一款），破產法院自應為告發（刑事訴訟法第二百四十一條），此時，若檢察官認其有逃亡之虞或有再隱匿、毀棄其財產之虞之情形，自應聲請法院羈押之。如檢察官認無羈押之必要而未聲請法院羈押或法官認無羈押之必要而未准檢察官羈押之聲請，則違反社會性較為嚴重之可罰性行為既不構成羈押之事由，則違反社會性較輕之虞慮行為反被羈押，亦有違比例原則。故個人以為如破產人之行為已構成破產法第一百五十二條至第一百五十九條之可罰性行為時，應即移送檢察官偵查，並由檢察官決定是否聲請法院羈押，破產法院即不得再為羈押或管收之強制處分。

註五　依司法院釋字第三九二號解釋，檢察官已不得逕行羈押刑事犯罪嫌疑人。依刑事訴訟法第九十三條第二項規定：「偵查中經檢察官訊問後，認有羈押之必要者，應自拘提或逮捕之時起二十四小時內，敘明羈押之理由，聲請該管法院羈押之」。

〔參〕司法院釋字第三○○號解釋後，破產法就相關規定之修正及商榷

一、司法院釋字第三○○號解釋後，破產法就相關規定之修正

司法院大法官於八十一年七月十七日著成釋字第三○○號解釋時，附以「至遲應於本解釋公布之日起屆滿一年時停止適用」之宣告。主管機關遂即起草修正相關之條文，經立法院通過，於八十二年七月三十日公布修正第七十一條至第七十三條，並增訂第七十三條之一，復修正同法施行法第二條。修正後之

(1)第七十一條規定：「破產人有逃亡或隱匿、毀棄其財產之虞時，法院得管收之」（第一項）。「管收期間不得超過三個月。但經破產管理人提出正當理由時，法院得准予展期，展期以三個月為限」（第二項）。「破產人有管收新原因被發現時，得再行管收」（第三項）。「管收期間，總計不得逾六個月」（第四項）。

(2)第七十二條規定：「有破產聲請時，雖在破產宣告前，法院得因債權人之聲請或依職權拘提或管收債務人，或命為必要之保全處分」。

(3)第七十三條規定：「管收之原因不存在時，應即釋放被管收人」。

(4)第七十三條之一規定：「破產人之管收，除前三條規定外，準用強制執行法之規定」。

二、破產法相關規定修正後之商榷

1.修正後之破產法，已將第七十一條、第七十二條及第七十三條所定「羈押」修正為「管收」。此係基於本號解釋理由所指「應就羈押之名稱是否適當」之檢討，所為之修正。將對於破產人所為刑事對人身自由之強制處分，改為民事對人身自由之強制處分，合於破產事

件屬民事事件之性質。惟解釋理由已指及,「於不拘束破產人身體自由時,如何予以適當管束,暨違反時如何制裁等項」亦應通盤檢討,此項理由所指,實已蘊含對於「破產人有逃亡或隱匿、毀棄其財產時」,並不以拘束其身體自由為唯一手段,尚有其他不拘束身體自由之管束處分可以採取,如前述日本破產法上之監管制度,破產法於修正時,僅注意及名稱之更改,而未就其所採取之管收手段是否合乎比例原則,為更妥適之規定,仍不無違憲之嫌。

2. 修正之第七十一條第二項,將展期規定為以三個月為限,同條第四項並規定,管收期間總計不得逾六個月。此係基於本號解釋已宣示舊破產法第七十一條第二項但書對於羈押展期之次數未加適當限制部分,與憲法保障人民身體自由之本旨不合;復於理由中敘及「展期次數或總期間如何限制」之檢討所為修正。將羈押期間不得超過一個月,修正為管收期間不得超過三個月,展期以三個月為限,雖仍無次數限制,但管收期間總計不得逾六個月。已就管收之最長期間,限於六個月,對於憲法保障人民身體自由,固較舊法進步。惟舊法規定羈押期間不得超過一個月,修正後反而變為管收期間不得逾三個月。據其修正說明謂:按破產係實現全體債權人總債權之程序,防止破產人上述行為(按係指第七十一條第一項行為),較之實現個別債權之強制執行更有必要,對於破產人之管收期間自不宜短於強制執行法對債務人管收之規定。且強制執行事件法律明定應予三個月內終結,故管收期間亦為三個月,破產事件,程序繁複,故現行法未設限制。惟為尊重上開解釋(即釋字第三〇〇號),維護人權之意旨,爰參考強制執行法第二十四條及該法修正草案第一百二十九條第五項之規定(註六),明定「管收期間不得超過三個月」,「每

註六　該項規定於立法院修正強制執行法時所未採。又按破產法修正草案第七十一條第三項原規定「前項管收期間,總計不得逾一年」。修正通過之條文改列為第四項規定「管收期間,總計不得逾六個月」。

次展期以三個月為限」，「管收期間，總計不得逾一年」。姑不論強制執行法，以管收債務人為手段，強制使其履行債務是否合於憲法所定比例原則，如前所述，已有疑義，其將管收期間由原來之一月修改為三月之理由，無非以破產係實現債權人總債權之程序對於破產人之管收期間，自不宜短於強制執行法之規定，爰參考強制執行法第二十四條規定，明定管收期間不得超過三個月。而將管收期間定為與強制執行事件管收之期間相同，並未檢討強制執行法之管收期間定為三個月，是否合於比例原則，破產法原定之羈押期間不得逾一個月，有無窒礙而難達成防止破產人有逃亡、隱匿或毀棄其財產之情形，率將之由一個月修改為三個月，亦難謂有強而有力之說服力。矧羈押刑事被告，偵查中不得逾二個月，審判中不得逾三個月（刑事訴訟法第一百零八條第一項）。破產人有破產法第七十一條第一項之情形，尚未致構成刑事犯罪，而其所受身體自由之強制處分，竟超過刑事犯罪情形，其修正亦難免有輕重倒置之情形。本號解釋雖因非聲請解釋羈押期間定為一個月為違憲，故對於管收期間(註七)未加論述，管收期間之長短不在解釋效力範圍之內，惟人民身體自由既為憲法所保障之基本人權，而原定管收期間一個月又未有特別情事，足認有延長為三個月之必要，基於人權之保障，於因司法院大法官之解釋而須修正法律時，實不應為較修正前更不利於人民之修正，始符人民聲請釋憲之目的，否則其修正仍難免發生違憲疑義。至破產法第七十一條第四項增訂「管收期間，總計不得逾六個月」規定，係對於解釋理由「展期次數或總期間如何限制」檢討後，依立法裁量後之結果，尚合解釋意旨之修正。又第七十一條第三項增訂「破產人有管收新原因被發現時，得再管收」部分，係原修正草案所無，為立法院審議時所增訂。按第七十一條之規定，修正前後

註七　在舊法為羈押，修正後為管收。此之管收期間係指第一次管收之期間，而非管收總計之期間。

對於管收次數均未作限制規定，理論上再管收總期間六個月內，若發現破產人有管收之新原因時，自得加以管收，殊無待明文。與強制執行法第二十四條第二項規定相比較，強制執行法第二十四條第二項但書規定，再行管收以一次為限。破產法雖無一次為限之限制，惟管收期間總計既有不得逾六個月之規定，縱無次數限制，實際上亦受有限制。

3. 其他之修正尚有值得討論者，為依破產法第七十三條之一規定，破產人之管收，除前三條規定外，準用強制執行法之規定。則強制執行法第二十二條第一項管收前應先命債務人提出擔保，必債務人無相當之擔保時，始可管收之要件，於破產事件之管收有無其準用？依本條立法理由謂「破產人管收之原因及其展期之限制，依本法前三條之規定。至執行管收之程序，則可準用強制執行法。爰增設本條規定」。準此以觀，立法者似不認強制執行法第二十二條第一項關於先命供擔保之規定，於破產法並無準用。果爾，則僅須規定準用強制執行法第二十六條規定即可。吾人寧認為本條規定，含有破產法於認破產人有逃亡之虞或隱匿、毀棄其財產之虞時，於採用管收之手段前，應命其提供擔保，以緩和逕行管收不合比例原則之用心(註八)。如此，管收規定之合憲性問題，依上討論，雖仍有商榷之處，但已有進步。

〔肆〕結　語

本院釋字第三○○號係對於破產法之規定，有關憲法人身自由保障之一重要解釋。其將舊破產法第七十一條第二項宣示為違憲，固值得稱

註八　事實上破產人於被法院宣告破產時，信用已被動搖，自己無力提供擔保，此時，第三人願為其提供擔保者，幾稀，是供擔保之方法，尚非合於比例原則之最好選擇。

讚。惟對於破產法上可否對破產人為刑事強制處分之羈押，則未直接處理，僅以理由促使相關機關檢討修正，又對於以羈押（或管收）破產人為手段，所欲達成目的，兩者間是否合於比例原則，亦未有明白之宣示，僅於理由「敘及於不拘束破產人身體自由時，如何予以適當管束，暨違反管束時，如何制裁？」暗示尚有其他對破產人侵害較少之手段可以採取，諭知相關機關檢討修正，似過於軟弱。徵諸其後破產法之修正，雖將「羈押改為管收」，但對是否可採用不拘束人身自由之監管手段，則未考慮，不無遺憾。再從解釋後，破產法之修正，解釋理由意見之效力如何？法律之修正，可否為較解釋前更不利於人民之修正，均係值得注意之課題。

兩岸破產制度之比較

要 目

〔伍〕關於破產宣告後諸規定之比較

一、破產宣告之發動

二、破產宣告之效果

三、破產程序之特別機關

四、破產債權及其範圍

五、破產債權清償之順位

六、破產財團

七、財團債務與財團費用

八、關於取回權

九、關於抵銷權

十、關於撤銷權（否認權）

十一、破產財團之管理及變價

十二、破產財團之分配

十三、破產程序之終結

十四、免　責

〔陸〕其他規定

一、調　協

二、復　權

三、破產犯罪

四、行政責任之追究

〔柒〕結　語

（本文原載於《兩岸民事程序法論——第十五編破產
程序》）

兩岸破產制度之比較

〔壹〕前　言

　　破產乃債務人陷於一般的不能清償其債務時，為使多數債權人之債權獲得公平之滿足，及予債務人復甦之機會，俾免債務之繼續增加，並防止一般社會經濟恐慌的一種社會制度(註一)。是債務人須有私有財產而後始有清理其財產以清償其一般債務之可言。在禁止私有財產制之共產主義社會，既無私有財產之存在，實難想像有破產制度存在之價值。故在五〇年代以前，共產主義國家，並未有破產制度之建立，五〇年代初期南斯拉夫因實行所謂「社會主義市場經濟」，認破產制度有其必要性與合理性，始有破產制度之出現(註二)。大陸自一九八二年以後，因經濟體制的改革，走向商品經濟之路，因有感於政府承受企業失敗債務負擔的沈重，為使企業承擔破產之經濟後果，減少政府負擔，遂亦有破產制度之建立(註三)。關於大陸之破產制度，規定於其一九八六年十二月二日公布之「中華人民共和國企業破產法（試行）」(註四)，及一九九一年四月

註一　參照拙著，《破產法論》，三民書局，一九九二年八月，第一頁。

註二　參照柴發邦主編，《破產法教程》，法律出版社，一九八九年，下簡稱教程，
　　　第二十七頁。

註三　參照教程，第四十頁。孫佑海、袁建國編著，《企業破產法基礎知識》，中國
　　　經濟出版社，一九八八年，以下簡稱基礎知識，第五頁。最高人民法院編寫
　　　組，《企業破產法講座》，人民法院出版社，一九九〇年，以下簡稱講座，
　　　第八十四頁。

九日公布施行之「中華人民共和國民事訴訟法」(註五)第二編第十九章「企業法人破產」二法典中。前者共四十三條，後者僅規定八條而已，較之我現行破產法定有一百五十九條，其規定可謂相當簡陋。本文就兩岸破產法之規定，試比較之。

〔貳〕 與一般破產制度之比較

一、關於破產制度規範之對象

關於破產制度規範之對象，各國立法不一，有採商人破產主義，即破產法僅適用於商人之主義，例如法國舊法、意大利、比利時法是；有採一般破產主義，即破產法對於商人及一般人均得適用之主義，德國法系及英國法系採之。有採折衷主義，即商人與非商人均適用破產法，但兩者所適用之破產程序不同之主義，亦稱複制主義(Zweispältiger Konkur)，西班牙、丹麥諸國採之(註六)。我破產法採一般破產主義（參照我破產法第一條）。大陸破產法依其第二條規定：「本法適用於全民所有制企業」。係採企業破產（由自由經濟觀點言，似應屬商人破產）主義。大陸之企業型態，約可分全民所有制企業、集體所有制企業、個體工商戶、農村承包經營戶、個人合夥、私人企業、中外合資經營企業、中外合作經營企業、外資企業等，而僅其中之「全民所有制企業」，始可適用大陸破產法，其他企業無其適用(註七)。又依大陸民訴法第二百零六條之規定：「全民所有制企業的破產還債程序適用中華人民共和國企業破產法

註四　以下簡稱大陸破產法。

註五　以下簡稱大陸民訴法。

註六　參照拙著，前揭書，第十五頁。

註七　參照教程，第九十五頁。基礎知識，第十八頁以下。付洋、吳高盛、劉新魁著，《企業破產法簡論》，群眾出版社，一九八八年，下簡稱簡論，第二十七頁。

的規定」(第一項),「不是法人的企業、個體工商戶、農村承包經營戶、個人合夥,不適用本章規定」(第二項),可見能利用大陸民訴法之破產制度者,亦限於企業法人而已。所謂全民所有制企業係企業法人,以國家授與其經營管理之財產承擔民事責任之法人(大陸民法通則第四十八條),此企業對於財產雖無所有權,但有經營權,國家及上級無權任意將之無償平調,其他任何組織、法人亦無權侵犯其經營權,該企業之職工對此項財產也無直接的法律上的所有權或經營權(註八)。而大陸民訴法所定企業法人,實際上只有集體企業、私營企業及外商投資企業而已(註九)。茲所謂集體企業係指集體所有制企業制法人,以企業所有的財產承擔民事責任(大陸民法通則第四十八條)。所謂私營企業指企業資產屬於私人所有,雇工八人以上的營利性經濟組織(大陸私營企業條例第二條)。而所謂外商投資企業,則包括「中外合資經營企業」、「中外合作經營企業」及「外資企業」(註一○)。

二、限制的和解前置主義

比較各國關於破產制度的立法,有採和解前置主義者,即法院在宣告債務人破產之前,須先試行和解,俟和解不成立時,始得宣告破產之主義,英國法採之。有採和解分離主義,將破產程序與和解程序分別規定為二個不同程序,各自獨立成一法典之主義,德國、日本立法例採之。我破產法雖於法典中併列和解程序與破產程序,但破產之宣告並未規定須先經和解,且依破產法第五十八條第二項規定,破產之聲請,縱在和

註八　參照張佩霖主編,《中國民事法律與實務》,法律出版社,一九九二年,第五十一頁。

註九　參照章武生編,《民事訴訟法學》,河南大學出版社,一九九一年,第三八○頁。劉金友、李春霖編,《民事訴訟法學》,法律出版社,一九九一年,第三三四頁。

註一○　參照李昌麒編,《經濟法教程》,法律出版社,一九九一年,第三八八頁以下。

解程序中亦得為之。但法院認為有和解之可能者，得駁回之。可知我破產法實際上係採和解分離主義，惟將此二制度合定於同一法典而已。大陸破產法將破產程序分為四部分，即破產的受理、和解與整頓、破產宣告與破產清算。將和解規定於破產程序中（註一一）。依大陸破產法第三條第一項規定：「企業法人嚴重虧損，無力清償債務的，依照本法規定宣告破產」。大陸民訴法第一百九十九條亦規定：「企業法人因嚴重虧損，無力清償到期債務，債權人可以向人民法院申請宣告債務人破產還債，債務人也可以向人民法院申請宣告破產還債」。惟破產之宣告係由債權人申請的，依大陸破產法第十七條規定「企業由債權人申請破產的，在人民法院受理案件後三個月內，被申請破產企業的上級主管部門可以申請對該企業進行整頓。整頓期限不超過兩年」。同法第十八條復規定：「整頓申請提出後，企業應當向債權人會議提出和解協議草案」（第一項）。「和解協議草案應當規定企業清償債務的期限」（第二項）。企業與債權人會議達成和解協議，並經人民法院認可後，發布公告而中止破產程序（大陸破產法第十九條）。大陸民訴法第二百零二條亦有相同之規定。按在採和解分離主義之立法，和解程序，僅限於由債務人為聲請人，債權人無聲請之權（註一二）。我破產法第六條第一項、第四十一條規定亦以債務人為限。大陸之和解屬破產程序之一部，而破產之聲請得由債權人為之，故有上述之特別規定。惟上述規定有幾點值得注意的：

1. 和解申請之提出須以債權人提出破產申請為條件，在債務人申請破產的情況下，則不可能申請和解（註一三）。其理由依學者之見認為債

註一一　大陸之破產程序，於法院未駁回申請人之聲請而予受理時，即開始進行，
　　　　參照教程，第七十六頁。須法院宣告債務人破產時，始真正進行實質性的
　　　　破產程序，參照同書，第一二一頁。此點與我破產法不同。

註一二　參照拙著，第五十二頁。德國和議法第二條第一項，日本和議法第十二條
　　　　第一項。

註一三　參照教程，第一○四頁。

務人一旦申請破產，則表明自己確認企業已無生存希望，自然無須
再訴求通過和解來整頓復甦(註一四)。實則，破產上和解與一般民事
和解不同，破產上和解係由債務人與債權人團間達成和解之強制契
約(Zwangsvertrag)，　有拘束少數杯葛或反對和解之債權人之效
力(註一五)。與民事和解係債務人與個別之債權人成立之和解不同。
債務人尤有利用破產上和解制度，突破和解杯葛者(Vergleichsstorer)
以達到企業重建之目的。故不許債務人申請破產上和解，尚非合理。

2. 和解非法定的企業破產必經程序，但一經被申請破產的企業的上級
主管部門於法定期間內申請，破產宣告前即須經和解程序：大陸破
產法對於和解程序之發動，並非取決於債務人，而係被申請破產的
企業的上級主管部門，此點與一般有破產上和解制度的立法例不同，
且行政部門的干預似亦過大，此或與其所定破產主體限於全民所有
制企業有關。但在承認債務人為獨立的人格者，破產事件為民事事
件前提下，有無行政干預之必要，應否完全委諸企業（債務人）本
身，實為值得思考的問題。又破產上和解，一般可分為清算類型與
重建類型二類。債務人一旦進入破產程序，因清算之目的，不免有
財產之處分，停頓企業活動等行為，此與企業之重建將有相當妨害，
在此目的下，和解前置主義有其價值。在此意義下，大陸破產法採
和解前置主義，值得借鏡。

3. 和解與整頓並為規定，大陸破產法第四章即名為和解與整頓。整頓
之申請係由被申請破產的企業的上級主管部門，於人民法院受理債
權人申請企業破產之案件後三個月內提出，於整頓申請提出後，由
企業向債權人會議提出和解協議草案。和解協議草案如經債權人會
議達成和解協議，並經人民法院認可後，中止破產程序進入企業整
頓。惟企業的整頓，由其上級主管部門負責主持。企業整頓方案應

註一四　同註一三。

註一五　參照拙著，第七頁。

經過企業職工代表大會討論，企業整頓的情況應當向企業職工代表大會報告，並聽取意見（大陸破產法第十九條、第二十條第一、二款）。此點與我破產法規定不同。依破產法第七條規定，債務人聲請時，應附具所擬與債權人和解之方案及提供履行其所擬清償辦法之擔保。債務人與債權人達成之和解，如和解條件公允，提供之擔保相當，法院即以裁定認可和解（我破產法第三十二條）。關於如何整頓則委諸債務人向債權人說明，甚或列於和解契約中，不假手行政干預，以所供擔保作為債務人履行和解之擔保。一旦法院認可和解，和解程序即告終結(註一六)。完全採取自治的解決，行政機關不加任何之干涉。

值得探討的是，整頓既係由被申請破產的企業的上級主管部門主持，而企業整頓方案須經企業職工代表大會討論，整頓情況並應向企業職工代表大會報告（大陸破產法第二十條第一、二款），有如上述，而其理由依其學者之說明，係認企業之經濟困難係因企業經營不善所致，故企業整頓不得再由原企業之負責人主持，應由上級主管部門主持，直接參與整頓工作，強化企業領導(註一七)。又依大陸憲法第十六條規定，全民所有制企業（國營企業之一）依照法律規定，透過職工代表大會和其他形式，實行民主管理。企業整頓直接關係企業之前途與職工之職業及生活，故整頓方案應當經過職工代表大會討論，以利整頓之進行(註一八)。如是，則整頓之成敗與上級主管部門關係密切，將來整頓失敗之責任是否應由

註一六　參照拙著，第八十七頁以下。此專指法院之和解而言。至破產法上所定商會和解，則完全係自治之解決，連法院認可和解之程序都未規定，是否適宜，值得推敲。該和解契約的強制性之依據何在？有無違反憲法第十五條保障人民財產權？均非無疑問（參照拙著，《程序法之研究(一)》，第一六四頁以下）。

註一七　參照教程，第一一四頁。簡論，第六十三頁。

註一八　參照簡論，第六十三頁。

企業獨任，抑應由上級主管部門連帶負責，即變成問題。又職工代表大會對於整頓方案之討論有無表決權，大陸破產法未設規定，學者對此似未見討論(註一九)，不知其實際運作情形，假若僅參與討論而不能表決，則此討論僅有觀念通知或溝通之意義而已，如果行政部門強勢領導，則此規定將成為具文。倘職工代表大會對整頓方案有表決權，則對於整頓之失敗，是否應對債權人負賠償責任? 亦非無疑。大陸破產法如此規定，不無值得商榷之處。至大陸民訴法第二百條第三項雖亦有債權人可以組織債權人會議，討論通過和解協議之規定，但如何進行和解協議，則未有規定，亦未規定準用大陸破產法，學者似仿大陸破產法之規定加以解說(註二〇)。惟大陸民訴法所適用之破產能力主體，並不限於國營企業(見註九)，則其所謂上級主管部門究何所指，不無疑問。

三、和解或破產債權及其申報或不申報之效果

在現行破產法上，所謂和解債權從形式上意義言，係指在和解程序上所申報，得參與債權人會議之決議，依和解條件受清償之債權。從實質上意義言，則指對於債務人在和解開始前所成立，得以強制執行之財產上對人請求權而言(註二一)。而所謂破產債權，從形式上意義言，係指破產程序中，曾經申報債權，而可由破產財團受公平清償之債權；從實質上意義言，係指基於破產宣告前之原因，而對破產人所發生之具有得以強制執行性質之財產上對人請求權(註二二)。故和解債權與非和解債權係以法院裁定許可和解之聲請時為其分界點 (我破產法第三十六條)，破產債權與非破產債權亦以法院裁定宣告債務人破產時為分界點 (我破產

註一九　參照前引教程、簡論、基礎知識、講座諸著作。

註二〇　參照周道鸞編著，《民事訴訟法教程》，法律出版社，一九九一年，第二八五頁。楊榮新編，《中國民事訴訟法》，中國法政大學出版社，一九九二年，第四三八頁以下。

註二一　參照拙著，第七十四頁。

註二二　參照拙著，第一五九頁。

法第九十八條）。大陸破產法第九條規定：「人民法院受理破產案件後，應當在十日內通知債務人並且發布公告。人民法院在收到債務人提交的債務清冊後十日內，應當通知已知的債權人。公告和通知中應當規定第一次債權人會議召開的期日」（第一項）。「債權人應當在收到通知後一個月內，未收到通知的債權人應當自公告之日起三個月內，向人民法院申報債權，說明債權的數額和有無財產擔保，並提交有關證明材料。逾期未申報債權的，視為自動放棄債權」（第二項）。而依大陸民訴法第二百條則規定：「人民法院裁定宣告進入破產還債程序後，應當在十日內通知債務人和已知之債權人，並發出公告」（第一項）。「債權人應當在收到通知後三十日內，未收到通知的債權人應當自公告之日起三個月內，向人民法院申報債權，逾期未申報債權的，視為放棄債權」（第二項）。由於大陸之和解係規定於破產還債程序之中，似無和解債權與破產債權之分，而破產債權與非破產債權區分時點，在大陸破產法並無關於宣告進入破產還債程序裁定之規定，學者謂：對於破產之聲請，如認不應受理者，應以裁定駁回之，否則應立案受理(註二三)。但立案受理應採用如何之形式，則未見說明。惟依大陸破產法第六條規定，「適用民事訴訟程序的法律規定」之結果，似亦應以裁定為之。準此以觀，所謂破產債權或和解債權，應指裁定宣告進入破產還債程序之時點為區分破產債權與非破產債權之時點。惟值得注意的有二點：

1. 大陸破產法或民訴法所定債權人申報債權期間似係不變期間(Notfristen)，債權人不於法定期間內申報債權者，「視為放棄債權」，而發生失權效果。此種規定從保護人民財產權之觀點言，不無商榷之處。

2. 依大陸破產法第二十二條第二項規定：「整頓期滿，企業不能按照和解協議清償債務的，人民法院應當宣告該企業破產，並且按照本法第九條規定重新登記債權」。依此規定，可能有下列疑問：

註二三　參照教程，第七十六頁以下。

⑴在宣告進入破產還債程序未依第九條第二項規定於期限內申報之債權，可否於重新登記債權之時，重新申報債權？蓋依第九條第二項規定，未於期間內申報債權者，已視為放棄債權，則債權已不存在，但既曰重新登記，可否重新登記回復其債權，即非無疑。

⑵在進入開始破產還債程序後，宣告企業破產前所生不屬破產費用（大陸破產法第三十四條）之債權是否屬破產債權？可否為破產債權登記？依其學者之見解，謂破產債權是指在破產宣告前對破產人所成立的，並且只有透過破產程序，才可以從破產財產中獲得公平清償之債權(註二四)。若是，則上述債權似亦屬破產債權而可為破產債權之登記。

四、行政干預破產程序

破產程序係對於債務人不能清償其債務時之清理債務程序，屬私權保護之事項，無由行政干預之必要，故在我破產法上，並無關於行政機關干預破產程序之規定。整個破產程序（包括和解程序）均在法院監督下進行。大陸破產法則有若干行政干預破產程序之規定，其學者謂之國家干預原則，並為其破產法之基本原則(註二五)。其重要規定有四項：

㈠對於企業應否宣告破產之干預

依大陸破產法第三條第二款第一項規定，「企業由債權人申請破產，有下列情形之一的，不予宣告破產。㈠公用企業和國民生計有重大關係的企業，政府有關部門給其資助或採取其他措施幫助清償債務的」。公用企業和國民生計有重大關係之企業，若有不能清償債務之情形，如該企業有繼續存在之價值者，通常可透過政府之紓困方案或特別行政措施，協助其渡過難關，如此則是否仍可謂有破產原因存在，不無疑問。似無特別明文規定為不得宣告破產事由之必要。且學者謂：公用企業和與國計民生關係重大的企業，政府有義務給與資助或採取其他措施幫助清償

註二四　參照教程，第一四八頁。
註二五　參照教程，第四十五頁。

債務，以使企業不至於被宣告破產(註二六)。則政府既有資助或幫助償債義務，債權人更無申請企業破產必要。

(二)行政機關對於破產程序及具體的破產事件進行干預

依大陸破產法第二十四條規定:「人民法院應當自宣告企業破產之日起十五日內成立清算組，接管破產企業。清算組負責破產財產的保管、清理、估價、處理和分配。清算組可以依法進行必要的民事活動（第一項）。清算組成員由法院從企業上級主管部門、政府財政部門等有關部門和專業人員中指定。清算組可以聘任必要的工作人員（第二項）」。依此，行政有關部門的成員就作為清算組成員，參與破產程序。此在我和解程序係由法院指定法官一人為監督人，並選任會計師或當地商會所推舉之人員或其他適當之人一人或二人為監督輔助人（我破產法第十一條）。在和解程序中，債務人繼續其業務，但應受監督人及監督輔助人之監督。監督人及監督輔助人對於與債務人有關之一切簿冊、文件及財產，得加以檢查。債務人對於監督人及監督輔助人，關於其業務之詢問，有答覆義務（我破產法第十四條）。至於在破產程序，亦係由法院選任破產管理人（我破產法第六十四條第一項）。破產管理人，應就會計師或其他適於管理該破產財團之人中選任之。惟債權人會議，得就債權人中另為選任（我破產法第八十三條第一、二項）。破產管理人受法院之監督。不論和解程序或破產程序，均無行政人員之介入。又依大陸破產法第四十一條規定: 破產企業有本法第三十五條所列行為之一，㈠隱匿、私分或者無償轉讓財產，㈡非正常壓價出售財產，㈢對於原來沒有財產擔保的債務提供擔保，㈣對於未到期的債務提供財產擔保，㈤放棄自己的債權的，對破產企業的法定代表人和直接責任人員給予行政處分；破產企業的法定代表人和直接責任人員的行為構成犯罪的，依法追究刑事責任。此點與我破產法亦有不同。

(三)對於破產後果進行干預

註二六　參照教程，第四十六頁。

　　依大陸破產法第四十二條規定：「企業破產後，由政府監察部門和審計部門負責查明企業破產的責任」（第一項）。「破產企業的法定代表人對企業破產負有主要責任的給予行政處分」（第二項）。「破產企業的上級主管部門對企業破產負有主要責任的，對該上級主管部門的領導人，給予行政處分」（第三項）。「破產企業的法定代表人和破產企業的上級主管部門的領導人，因玩忽職守造成企業破產，致使國家財產遭受重大損失的，依照中華人民共和國刑法第一百八十七條的規定追究刑事責任」（第四項）。按企業之負責人與企業體間，如純屬民事法律關係，縱有違法或怠忽行為，致企業遭受損害，應依一般民事法律關係請求損害賠償，如其行為觸犯刑事法應負刑事責任，亦可依一般刑事法規定，追究刑事責任。殊無於破產法中，宣示追究行政責任或刑事責任之必要。除非大陸關於行政責任及刑事責任之追查制度未臻完備，否則此條規定，似無凸顯之意義。

㈣檢察機關對於破產程序進行干預

　　依大陸民訴法第十四條規定，人民檢察院有權對民事審判活動實行法律監督。學者認為破產程序係一種特殊的民事訴訟程序（一部分破產程序亦規定於民訴法中，有如前述），依大陸破產法第六條之規定，檢察機關有權依據民事訴訟法而直接參與破產事件，對破產程序與審判活動為監督。按檢察機關代表公益，監督破產程序之進行，在制度設計上或有可採取之處，但亦僅能居於利害關係人代表之身分向法院主張權利而已，不能直接干預法院程序指揮權之進行，也不得干預審判，此為一個現代民主法治國家所須具備之基本條件，大陸民訴法第十四條規定與此不無齟齬，值得商榷。

〔參〕與我破產法總則規定之比較

一、大陸破產法對立法目的有特別規定

大陸破產法有關於立法目的的規定，依大陸破產法第一條規定：「為了適應社會主義有計畫的商品經濟發展和經濟體制改革的需要，促進全民所有制企業自主經營，加強經濟責任制和民主管理，改善經營狀況，提高經濟效益，保護債權人、債務人的合法權益，特制定本法」。惟其民訴法則無相關之規定，我破產法亦無立法目的規定。此或係因大陸過去所採經濟制度不當，修正走向商品經濟時，為恐政府經營失敗之沈重債務負擔，而對外宣示，將採仿資本主義之破產制度，讓債權人分擔債務人破產的風險。

二、關於破產能力之規定

我破產法採一般破產主義，故不論自然人或法人，甚至非法人之團體或遺產，亦有破產能力(註二七)。且不以商人為限。而大陸破產法則限全民所有制企業始有破產能力（大陸破產法第二條）。所謂全民所有制企業係企業法人，以國家授與其經營管理之財產承擔民事責任（大陸民法通則第四十八條）。企業對於財產雖無所有權，但有經營權，國家、上級無權任意無償調取，其他任何組織、法人也無權侵犯其經營權，本企業之職工對此項財產亦無直接的法律上的所有權、經營權(註二八)。而大陸民訴法所定企業法人破產還債程序，於非法人之企業、個體工商戶、農村承包經營戶、個人合夥不適用(註二九)。又全民所有制企業仍適用大陸

註二七　參照拙著，《破產法論》（修正版），第三十七頁。錢國成著，《破產法要義》，第二十六頁；陳榮宗著，《破產法》，第四十一頁。但有反對說，參照劉清波著，《破產法新詮》，第四十三頁。

註二八　參照張佩霖主編，《中國民事法律與實務》，法律出版社，一九九二年，第五十一頁。

破產法之規定（大陸民訴法第二百零六條）。故實際上大陸適用民訴法破產還債程序的，只有集體企業、私營企業、外商投資企業(註三○)(註三一)。

三、 關於破產要件之特別規定

大陸破產法對於破產宣告，須以債務人因經營管理不善造成嚴重虧損，致不能清償債務為要件（大陸破產法第三條），若非經營不善所致，縱有不能清償債務之情形，亦不得作為破產原因(註三二)。大陸民訴法之破產還債程序無相似之規定，我破產法亦無此規定。

四、 對於企業職工就業保護之特別規定

大陸破產法對於企業職工就業保護之特別規定，依其第四條規定，國家透過各種途徑妥善安排破產企業職工重新就業，並保障他們就業前的基本生活需要，具體辦法由國務院另行規定。對此大陸國務院頒有國營企業職工待業保險暫行規定，宣告破產企業之職工，有權享受待業救濟金、醫療費及醫療補助費，並由當地勞動行政主管部門的勞動服務公司負責破產企業職工的就業安排(註三三)。大陸民訴法無相似規定。我破

註二九　所謂個體工商戶係指公民在法律允許的範圍內，依法經核准登記，從事工商業經營的，為個體工商戶（大陸民法第二十六條）。所謂農村承包經營戶，係指農村集體經濟的成員，在法律允許的範圍，按照承包合同規定從事商品經營的，為農村承包經營戶（大陸民法第二十七條）。所謂個人合夥係指二個以上公民按照協議，各自提供資金、實物、技術等，合夥經營，共同勞動（大陸民法第三十條）。

註三○　參照章編，第三八○頁以下。劉、李編，第三三四頁。

註三一　所謂集體企業係指集體所有制企業制法人，以企業所有的財產承擔民事責任（大陸民法第四十八條）。私營企業是指企業資產屬於私人所有，雇工八人以上的營利性經濟組織（大陸私營企業條例第二條）。

註三二　參照柴編，第六十四頁。孫佑海、袁建國編著，《企業破產法基礎知識》，中國經濟出版社，一九八八年，第二十六頁。

註三三　參照簡論，第一一三頁以下。

產法亦無此規定，此項關於債務人員工之保護，屬勞動基準法等有關勞工法規規定之範疇，未定於破產法乃屬當然。

五、關於破產事件管轄之規定

破產事件之管轄，依我破產法第二條規定，和解及破產事件專屬於債務人或破產人住所地之地方法院管轄。債務人或破產人有營業所者，專屬其主營業所所在地之地方法院管轄，主營業所在外國者，專屬其在中國之主營業所所在地之地方法院管轄。不能依上開規定定管轄法院者，由債務人或破產人主要財產所在地之地方法院管轄。而依大陸破產法第五條及大陸民訴法第二百零五條規定，破產案件由債務人或企業所在地人民法院管轄，但同一地域管轄法院尚有級別之分。破產案件的管轄，應以破產企業大小作為劃分級別管轄之標準。簡單的、標的小的、單位小的破產案件，由基層人民法院管轄，對複雜的、標的大的、單位大的破產企業，可由基層人民法院的上級即中級人民法院管轄(註三四)。

〔肆〕關於破產宣告前諸規定之比較

一、破產事件之受理

依我破產法之規定，債務人聲請破產和解，法院首須審查其聲請是否合法而有理由，如聲請為不合法或無理由，即以裁定駁回其聲請，如聲請為合法而有理由，則以裁定許可和解之聲請（我破產法第九條）。經裁定許可和解之聲請，和解程序開始。其後為和解債權之申報，召開債權人會議、可決和解方案。和解方案如不獲通過，和解程序終結，但不當然宣告債務人破產(註三五)；和解方案如經可決，則須經法院裁定認可。經認可之和解，除另有規定外，對於一切債權人其債權在和解聲請許可前成立者，均有效力（我破產法第三十六條）。經認可和解時，和解程序

註三四　參照教程，第七十頁。劉、李編，第三三五頁。

註三五　參照拙著，第八十四頁。司法院院字第一六七三號解釋。

亦因而終結。法院為不認可和解時，應依職權宣告債務人破產（我破產法第三十五條）。此時和解程序終結同時進入破產程序。而在大陸，無相當於我破產法之和解聲請程序。債權人或債務人一開始即應為債務人破產宣告之申請，其由債務人申請者，應經其上級主管部門之同意（大陸破產法第八條第一款），無和解整頓之適用(註三六)，其由債權人申請者，經被申請破產企業之上級主管申請整頓者，始有和解整頓規定之適用已如〔貳〕所述。法院對於債權人或債務人提出之宣告破產的申請，應就形式要件及實質要件為審查，如不合要件者，應以裁定駁回其申請(註三七)。審查結果合於要件者，法院立案受理，開始進行破產程序(註三八)。但似未有關於受理之裁定(註三九)，只能由法院通知債務人及發布公告（大陸破產法第九條第一款）知悉法院已受理。惟法院之受理並非破產之宣告。

二、申報債權

依破產法，申報債權，不論為和解債權或破產債權之申報，須於法院裁定許可和解之聲請或裁定宣告債務人破產後，始有債權之申報（我破產法第十二、六十四條），且債權之申報係債權人之權利，如不申報，在破產和解只發生不能參加債權人會議及表決(註四〇)，在破產宣告發生不得就破產財團受償之效果而已（我破產法第六十五條第一項第四款）。而在大陸，依大陸破產法第九條第一項規定，人民法院受理破產案件後，應當在十日內通知債務人並且發布公告。人民法院在收到債務人提交的

註三六　參照教程，第一〇四頁。

註三七　參照教程，第七十七頁。

註三八　參照教程，第七十六頁。此開始進行之破產程序並非實質性之破產程序，與我破產法之破產程序意義不同。

註三九　但於大陸民訴法破產還債程序，依其第二百條第一項則應裁定宣告進入破產還債程序。

註四〇　參照拙著，第七十八頁。

債務清冊後十日內，通知已知的債權人。同條第二項規定，債權人應當在收到後一個月內，未收到通知的債權人應當自公告之日起三個月內，向人民法院申報債權，說明債權的數額和有無財產擔保，並且提交有關證明材料。逾期未申報債權的，視為自動放棄債權。大陸民訴法第二百條第一項及第二項，亦作相似規定，可知在大陸申報債權，並非單純債權人權利之行使，並且不行使時，將發生失權效果，與我破產法不同。

三、債權人會議

依我破產法，債權人會議係於和解聲請經裁定許可，或經裁定宣告債務人破產後，由法院召集之臨時機關。由法院的法官擔任主席（我破產法第十一條第一項、第二十二條第一項、第一百十六條、第一百十七條）。在和解程序，債權人會議係為決議債務人提出之和解方案可決與否之債權人團體意思作成之機關。而在破產程序則係由債權人所構成，因法院之召集，在法院指揮下，議決法定事項（選任監查人、議決破產財團之管理方法、破產人營業之繼續或停止、選任破產管理人及聲請撤換破產管理人、議決調協計畫等），聽取破產管理人之報告，及享有其他權限之機關。前者涉及債權人團體意思之作成，故須於債權申報期限屆滿後召集（我破產法第十二條第二項），後者重在破產財團之處理及監督，故在債權申報期間屆滿前，即得召集之（我破產法第六十四條第二款）。大陸的債權人會議，第一次債權人會議由人民法院召集，應於債權申報期限屆滿後十五日內召開。以後的債權人會議，於人民法院或會議主席認為必要時召開（大陸破產法第十四條），大陸民訴法第二百條第三項僅簡單規定：債權人可以組成債權人會議，討論通過破產財產的處理和分配方案或和解協議。債權人會議之主席，由人民法院從有表決權之債權人中指定(註四一)（大陸破產法第十三條第三款）。其職權為(1)審查債權及確認債權有無財產擔保及其數額。(2)討論通過和解協議草案。(3)討論通

註四一　大陸民訴法對此未設規定，學者謂可由債權人選定主席或由法院指定，參照方昕主編，《民事訴訟法釋義》，紅旗出版社，一九九一年，第二四二頁。

過破產財團的處理和分配方案（大陸破產法第十五條）。可知債權人會議性質上，在我破產法係屬因召集而臨時組成之機關。而在大陸，則似為在破產程序中存在，並設有主席而得召集會議之機關(註四二)，性質不甚相同，但其職權則相類似。而其決議之方法，在我破產和解之情形，與大陸同(註四三)（我破產法第二十七條，大陸破產法第十六條第一款），在破產之情形，依破產法第一百二十三條規定，債權人之決議，除另有規定外，應有出席破產債權人過半數，而其所代表債權額超過總債權額之半數者之同意。

四、監查人

我破產法在和解程序設有監督人及監督輔助人，監督和解程序之進行。監督人由法院法官擔任，監督輔助人則由法院選任會計師或當地商會所推舉之人員或其他適當之人充任之（我破產法第十一條第一項）。在破產程序設監查人，由債權人會議選任之，代表債權人監督破產程序之進行（我破產法第一百二十條第一款）。監查人為破產程序必要機關不得免設，但在未能選出以前，其職權由法院本其監督權之作用，加以監督(註四四)。在大陸之破產法，則未設有關於監查人之規定，學者認為有考慮設置之必要(註四五)。

註四二　教程第八十六頁雖謂債權人會議是一個臨時的機構。但又謂債權人會議的法律上性質應是一個沒有權利能力的社團組織，又是一種自治團體（第八十七頁）。

註四三　大陸民訴法對此未設規定，學者有主張可以參照企業破產法有關規定辦理（參照章編，第三八八頁）。周道鸞編，《民事訴訟法教程》，法律出版社，一九九一年，第二八四頁則謂一般決議只須出席會議有表決權之債權人過半數，而其所代表債權額占無財產擔保債權總額過半數，但議決和解協議草案，則須超過債權總額三分之二。

註四四　參照拙著，第一五三頁。司法院院字第一五二九號解釋。

註四五　參照教程，第九十七頁。

五、破產宣告前之財產保全

依我破產法，在債務人為和解之聲請至法院裁定許可和解聲請之期間，雖無關於保全處分之規定，但債務人於聲請和解後所為無償或準無償行為不生效力（我破產法第十五條），有償行為逾越通常管理行為或通常營業之範圍者，對於債權人不生效力（我破產法第十六條）。和解之聲請經裁定許可後，對於債務人不得開始或繼續民事執行程序（我破產法第十七條），以利和解之進行，但其業務之繼續，應受監督人及監督輔助人之監督。監督人及監督輔助人得檢查債務人業務有關之一切簿冊、文件及財產，並得詢問其業務有關之事項（我破產法第十四條），以保全債務人之財產。而在聲請宣告債務人破產之情形，雖在破產宣告前，法院得因債權人之聲請或依職權拘提或管收債務人或命為必要之保全處分（我破產法第七十二條）。大陸破產法僅規定法院受理破產案件後，債務人財產的其他民事執行程序中止，債務人對於部分債權人的清償無效（大陸破產法第十一、十二條）。大陸民訴法則全未規定。對此，學者有主張可比照其民訴法關於訴訟保全之規定予以適用者，亦有主張在破產宣告前，應設立專門的機構對企業處分財產的行為進行監督，不應採類似民訴法中訴訟保全措施者(註四六)。

〔伍〕關於破產宣告後諸規定之比較

一、破產宣告之發動

關於破產之宣告，有由債權人或債務人之聲請，法院始為宣告之聲請主義，有法院依職權而為宣告之職權主義，亦有兼採上述二種主義之折衷主義。我破產法對於破產之宣告，原則上採由債權人或債務人聲請之聲請主義（我破產法第五十八條第一項）。惟例外於下列情形採職權宣告主義:⑴於和解程序中債務人有不法行為而不能說明其正當理由者（我

註四六　參照教程，第八十頁。

破產法第二十條)。(2)於和解程序，債務人經通知無正當理由不出席債權
人會議者(我破產法第二十四條第二項)。(3)和解之聲請被駁回或法院不
認可和解者(我破產法第三十五條)。(4)經法院裁定撤銷和解者(我破產
法第五十四條)。(5)在民事訴訟程序或民事執行程序進行中，法院查悉債
務人不能清償債務者(我破產法第六十條)。(6)在股份有限公司，法院於
命特別清算開始後而協定不可能或協定實行不可能者(我公司法第三百
五十五條)。大陸破產法則單採聲請主義(大陸破產法第七條，大陸民訴
法第一百九十九條)，須由債權人或債務人之申請，人民法院始得為破產
之宣告。其由債務人申請者，須先經其上級主管部門同意始得為之(大
陸破產法第八條第一款)，由債權人申請者，被申請破產企業的上級主管
部門可以申請對該企業進行整頓，而中止破產程序。人民法院對於破產
之申請，於下列情形，以裁定宣告企業破產：(1)依照大陸破產法第三條
規定應該宣告破產的。(2)依照大陸破產法第二十一條之規定終結整頓的。
(3)整頓期滿，不能按照和解協議清償債務的。須注意者，企業在整頓期
間，破產程序中止，故依大陸破產法第二十一條之規定終結整頓時，僅
回復已中止之破產程序，整頓期滿而不能按照和解協議清償債務亦同。
故人民法院基此所為之破產宣告，仍係對於原已受理之破產程序所為，
不屬職權宣告破產。因之在整頓期間債務人與第三人所成立之新債權應
如何處理？即生問題。依大陸破產法第二十二條第二項規定，應按第九
條規定重新登記債權。此時原已申報之債權仍須重新申報，則原申報債
權因和解讓步之債權額與債務人依和解已清償部分，其清償效力如何？
大陸破產法及民訴法均未規定，似亦未見學者論及(註四七)。依我破產法
第四十條第一項規定：在法院認可和解後，債務人尚未完全履行和解條
件而受破產宣告時，債權人依和解已受清償者，關於其在和解前原有債
權之未清償部分，仍加入破產程序，但於破產財團應加算其已受清償部
分，以定其應受分配額(註四八)。

註四七　參照教程，第一二七頁以下。

二、破產宣告之效果

依我破產法之規定，債務人（包括我破產法第三條所定準破產人）於受破產宣告後，發生下列效果：

㈠自由權之限制

包括秘密通訊自由（我破產法第六十七條）、居住遷徙自由（我破產法第六十九條）、人身自由（我破產法第七十、七十一條）之限制。

㈡財產權之限制

⑴對於應屬於破產財團之財產，喪失其管理權及處分權（我破產法第七十五條）。故第三人如欲對破產財團之財產主張權利，須向破產管理人為之。如須訴訟，應由破產管理人起訴或被訴，當事人始為適格。如係於訴訟中債務人受破產宣告，則訴訟當然停止，由破產管理人承受訴訟後，訴訟程序始繼續進行（我民事訴訟法第一百七十四條）。債權人除有別除權（我破產法第一百零八條）或取回權（我破產法第一百十、一百十一條）者外，非依破產程序不得行使其權利（我破產法第九十九條）。故如強制執行尚未開始者，不得開始，其已開始者，則應停止。破產人就破產財團之財產，無權處分，如予處分，其處分不生效力（我民法第一百十八條）。⑵破產人之債務人及屬於破產財團之財產持有人，對於破產人不得為清償或交付其財產，並應即交還或通知破產管理人（我破產法第六十五條第一項第四款）。破產人之債務人，於破產宣告後不知其事實而為清償者，得以之對抗破產債權人，如知其事實而為清償者，僅得以破產財團所受之利益為限，對抗破產債權人（我破產法第七十六條）。⑶承租人受破產宣告時，雖其租賃定有期限，破產管理人得終止契約（我破產法第七十七條）。此外我破產法對於破產人被宣告破產前所定雙務契約效力如何，未有規定，應分別情形，依民法及破產法之規定決定。例如於破產人已履行而對方未履行債務之情形，對方之給付屬破產財團，

註四八　本條規定將破產債權定為原有債權未清償部分，而將已受償部分加入破產財團，實不合理（參照拙著，第九十二頁以下）。

由破產管理人對之行使權利。又如破產人未履行而對方已履行債務完畢時，破產人之給付，即屬對方之破產債權，須依破產程序行使之。再如雙方債務均未履行完畢，破產人在未履行其給付以前，對方得為同時履行之抗辯或不安之抗辯（我民法第二百六十四、二百六十五條），破產管理人須決定自己給付應否履行，如果履行，則屬財團債務（我破產法第九十六條第二款），對方當然亦應為對待之給付，如果不履行，可能發生債務不履行解除契約之損害賠償或違約金問題。但此項損害賠償或違約金債權，不屬破產債權（我破產法第一百零三條第三款）。

依大陸破產法之規定，企業受破產宣告後，發生下列效果：

1. 對於破產人關於財產管理及處分之限制：人民法院應自宣告企業破產之日起十五日內成立清算小組，接管破產企業。清算組負責破產財產之保管、清理、估價、處理和分配，並依法進行必要的民事活動（大陸破產法第二十四條第一款）。破產企業之法定代表人在向清算組辦理移交手續前，負責保管本企業之財產、帳冊、文書、資料和印章等（大陸破產法第二十七條第一款）。又依大陸破產法第二十八條規定，破產宣告時，破產企業經營管理之全部財產均構成破產財產(註四九)，且破產企業在破產宣告後至破產程序終結前所取得之財產與應由破產企業行使之其他財產權亦屬破產財產，故學者謂：破產企業因破產宣告而喪失對企業之管理處分權（惟在其法典上，未設有明文之規定)(註五〇)。從而第三人如欲對破產財產主張權利，只得向清算組提出，如發生爭議，清算組可以作為原告或被告，以自己名義起訴或應訴。此類訴訟如以破產企業為當事人，即屬不合格之當事人，人民法院應依法更換不合格之當事人(註五一)。至企業

註四九　依大陸破產法第二十八條規定，屬於供清償破產債權之破產人財產，稱破產財產，相當我破產法第八十二條所指之破產財團。

註五〇　參照教程，第一二八頁。

註五一　參照教程，第一二九頁。於此情形，在我民事訴訟，則屬當事人不適格，

於訴訟中受破產宣告者，則發生中止訴訟之效果（大陸民訴法第一百三十六條第一款第三項），由破產清算組織參加訴訟(註五二)。

2.對於破產企業未履行之合同，由清算組決定解除或繼續履行（大陸破產法第二十六條第一款）。清算組如決定解除合同時，另一方當事人因合同解除受到損害的，其損害賠償額作為破產債權（大陸破產法第二十六條第二款）。

大陸的破產宣告一般不對破產企業中具體個人的人身發生效力。無如我破產法第三條之規定，僅規定在企業宣告破產，破產程序終結以前，對某些人之行為自由作一定限制。例如依大陸破產法第二十七條第二項規定：破產企業的法定代表人在破產程序終結以前，根據人民法院或者清算組的要求進行工作，不得擅離職守。所謂「不得擅離職守」，包括(1)不得擅離自己工作崗位，(2)如果較長時間離開住所或工作崗位，必須告知人民法院、清算組或債權人會議，而且須徵得人民法院的同意。(3)不得從事有礙清算工作的任何行動。(4)不得干擾監察和審計機構的正常工作(註五三)。

三、破產程序之特別機關

我破產法所定破產程序之特別機關有三，即破產管理人、債權人會議及監查人。關於債權人會議及監查人制度前已述及（參照肆、三、四），茲就破產管理人作一說明。法院為破產宣告時，應選任破產管理人，並於破產宣告之公告中公告之（我破產法第六十四、六十五條第一項第二款）。破產管理人應就會計師或其他適於管理該破產財團之人中選任之（我破產法第八十三條第一款）。債權人會議亦得就債權人中另為選任破產管理人（我破產法第八十三條第二項）。破產管理人受法院之監督，必

法院無庸命補正，即得以當事人不適格為由，判決原告敗訴。

註五二　參照《民事訴訟法釋義》，中國法政大學出版社編寫出版，一九九一年，第一九二頁。

註五三　參照教程，第一三一頁。

要時，法院並得命其提供相當之擔保（我破產法第八十三條第三項）。法院因債權人會議之決議，或監查人之聲請或依職權，得撤換破產管理人。破產管理人得請求報酬，其報酬由法院定之（我破產法第八十四條）。破產管理人應以善良管理人之注意，執行其職務（我破產法第八十六條）。在大陸企業受破產宣告時，依大陸破產法第二十四條規定，人民法院應自宣告企業破產之日起十五日內成立清算組，接管破產企業。清算組負責破產財產之保管、清理、估價、處理與分配。清算組得依法進行必要之民事活動（第一項）。清算組成員，由企業上級主管部門、政府財政部門等有關部門和專業人員中指定，清算組得聘任必要之工作人員（第二項）。清算組對人民法院負責並報告工作（第三項）。破產企業之法定代表人在向清算組辦理移交手續前，負責保管本企業之財產、帳冊、文書、資料和印章等（大陸破產法第二十七條）。而依大陸民訴法第二百零一條規定，人民法院可以組織有關機關和有關人員成立清算組織。清算組織負責破產財產的保管、清理、估價、處理和分配。清算組織可以依法進行必要的民事活動（第一項）。清算組織對人民法院負責並報告工作（第二項）。由上述規定可知：

1. 在大陸人民法院裁定企業破產時，並不即刻指定清算組織（相當我破產管理人）接管破產財產。接管前之財產管理乃責令破產人之企業法定代表人保管。

2. 清算組係由多人組織之機構，其成員由人民法院從企業上級主管部門、政府財政部門等有關部門和專業人員中指定。學者謂：依照法律規定，企業上級主管部門和政府財政部門應參加每一個破產案件的清算組，人民法院指定清算組成員時，不能排除上級主管部門和財政部門。其他清算組成員，由人民法院根據破產案件之實際情況來指定，一般應包括註冊會計師、經濟師、審計人員、工商行政管理人員、稅務人員等與財經和工商管理有關的人員，另外還要有一定的懂得技術和懂得法律等知識的人參加(註五四)。似為相當龐大組

織，而清算組如何運作，則未有明文，學者亦未加討論，不知係集體行使職權抑可個別行使職權。

3.清算組之職權：⑴負責破產財產之保管、清理、估價、處理與分配（大陸破產法第二十四條第一款）。⑵接受破產企業之債務人和財產持有人償還之債務或交付之財產（大陸破產法第二十五條第二款）。⑶決定解除或繼續履行企業未履行之合同（大陸破產法第二十六條）。⑷破產程序中，第三人僅得對清算組行使取回權（大陸破產法第二十九條）。破產程序中抵銷權之行使，應向清算組為之（大陸破產法第三十三條）。⑸實施必要的保全處分等(註五五)。依學者之意見，對於因破產債權之爭議所生確認債權訴訟，一般由債權人會議審查，必要時由人民法院按民法通則和其他民事法律予以確認，清算組不參與其事(註五六)，亦屬特別之處。

4.清算組成員有違反法律之行為或不盡職時，人民法院得撤銷其清算成員之資格，另指定他人替換或重新組成清算組。並依其違法具體情況，由人民法院及有關單位追究其行政和刑事責任(註五七)。

四、破產債權及其範圍

依破產法之規定：「對於破產人之債權，在破產宣告前成立者，為破產債權，但有別除權者，不在此限」（我破產法第九十八條）。所謂有別除權之債權，係指「在破產宣告前，對於債務人之財產有質權、抵押權或留置權者，就其財產有別除權。有別除權之債權人，不依破產程序而行使其權利」（我破產法第一百零八條）。可知所謂破產債權，在實質上係指破產宣告前所成立之無物的擔保（包括已拋棄物的擔保）之債權。有優先權之債權並非有別除權之債權，故乃屬破產債權(註五八)。破產債

註五四　參照基礎知識，第九十六頁。教程，第一三八頁。

註五五　參照教程，第一四二頁。

註五六　參照簡論，第八十三頁。

註五七　參照教程，第一四七頁。

權非依破產程序不得行使（我破產法第九十九條）。故雖屬實質上的破產債權，但未於期限內申報債權者，仍非形式意義的破產債權。而依大陸破產法第三十條第一項規定：破產宣告前成立的無財產擔保的債權和放棄優先受償權的有財產擔保的債權為破產債權。可知基本上兩岸就破產債權之意義相同。惟在大陸，人民法院受理破產之聲請後，在裁定宣告企業破產之前，即先令債權人申報權利，債權人不於法定期限內申報權利者，視為自動放棄其債權（大陸破產法第九條第二款，大陸民訴法第二百條第二款）。其經和解整頓不成，而終宣告破產者，仍須再重新申報破產債權（大陸破產法第二十二條第二款）。故無形式上破產債權與實質上破產債權之分可言。又依我破產法第一百零三條規定，下列各款債權，不得為破產債權：⑴破產宣告後之利息。⑵參加破產程序所支出之費用。⑶因破產宣告後之不履行所生損害賠償及違約金。⑷罰金、罰鍰及追徵金。此等債權即所謂除斥債權。破產人於破產宣告前所積欠之稅款，依司法院之解釋，認係破產債權(註五九)。惟一九九○年修正稅捐稽徵法第六條增訂第一項規定稅捐之徵收優先於普通債權。從此，破產宣告前所欠之稅捐變為優先債權。大陸破產法及民訴法對於除斥債權未設專條規定，僅大陸破產法第三十條第二項規定：「債權人參加破產程序的費用，不得作為破產債權」而已。惟學者有主張因破產宣告後的債務不履行所生之損害賠償及違約金(註六○)，與罰款、罰金，在法理上亦應屬於除斥

註五八　實務上對於海商法第二十四條第一項第一款至第五款所定優先權，因其所列優先權之次位，在船舶抵押權之前，因認亦得不依破產程序而行使其權利，應屬例外情形（最高法院一九六六年臺上字第二五八八號判例）。

註五九　參照司法院一九三六年院字第一五二○號、一九四七年院解字第三五七八號、一九四八年院解字第四○二三號解釋。

註六○　惟依大陸破產法第二十六條規定，對於破產企業未履行之合同，清算組決定解除合同時，另一方當事人因合同解除受到損害的，其損害賠償額作為破產債權。故不屬除斥債權。

債權者(註六一)。又依我破產法第一百零四條規定：數人就同一給付各負
全部履行責任者，其中一人或數人受破產宣告時，其他共同債務人，得
以將來求償權之總額為破產債權而行使其權利。但債權人已以其債權總
額為破產債權行使權利者，不在此限。就連帶、不可分債務對他共同債
務人求償權之債權，擴大作為破產債權而行使權利。破產法第一百零六
條規定：對於法人債務應負無限責任之人受破產宣告時，法人之債權人，
得以其債權之總額為破產債權而行使其權利。同法第一百零七條規定：
匯票發票人或背書人受破產宣告，而付款人或預備付款人不知其事實為
承兌或付款者，其因此所生之債權，得為破產債權而行使其權利。此項
規定於支票及其他以給付金錢或其他物件為標的之有價證券準用之，均
屬有關擴張破產債權範圍之規定。相對於此，大陸破產法未設規定，尚
有待其實務上運作，始能確定。

五、破產債權清償之順位

有別除權之債權人，得不依破產程序而行使其權利（我破產法第一
百零八條第二項），但破產債權，如有多數別除權之債權存在（例如設定
有多順位之抵押權時），其清償順位，依物權法所定優先順序定之，不生
破產法上優先受償問題。又財團費用及財團債務，應先於破產債權，隨
時由破產財團清償之（我破產法第九十七條）。故除破產財團不足清償財
團費用及財團債務外，亦不生清償順位問題。在我破產程序中，有優先
權之債權人與無優先權之債權人，同屬破產債權人(註六二)。但在分配時，
則有順位問題。所謂優先之債權，應以法律所定者為限，例如債務人於
破產宣告前所欠稅款（我稅捐稽徵法第六條第一項）；本於勞動契約所積
欠之工資未滿六個月部分，依勞動基準法第二十八條第一項規定有最優
先受清償之權；又依工會法第三十八條規定，工會於其債務人破產時，
對其財產有優先受償之權；礦場法第十五條規定，礦業權者破產時，應

註六一　參照教程，第一五六頁以下。

註六二　但有例外，參照註五八。

儘先清償所欠礦工工資；又依農會法（第四十七條第二項）及漁會法（第五十條第二項）規定，農會或漁會受破產宣告時，信用部存款人就信用部資產有優先受償權。再依破產法第十一條第三項規定，監督輔助人之報酬，亦有優先權等是。破產債權中有優先權之破產債權，其受償順序優先於一般破產債權人。優先權之位次有先後者，應依其先後，其位次相同或無從分別其先後者，則各按其債權額之比例而受清償（我破產法第一百十二條）。而依大陸破產法第三十七條第二項規定：破產財產先撥付破產費用後(註六三)，按照下列順序清償：(1)破產財團所欠職工工資和勞動保險費用，(2)破產企業所欠稅款，(3)破產債權。同條第三項復規定：破產財產不足清償同一順序的清償要求的，按照比例分配。大陸民訴法所定破產程序，關於破產財產之清償程序，其第二百零四條之規定，與大陸破產法第三十七條之規定相同。惟大陸民訴法第二百零三條設有：「已作為銀行貸款等債權的抵押物或者其他擔保物的財產，銀行和債權人享有就該抵押物或者其他擔保物優先受償的權利。抵押物或其他擔保物的價款超過其所擔保的債務數額的；超過部分屬於破產還債的財產」。大陸破產法第三十二條規定，「破產宣告前成立的有財產擔保的債權，債權人享有就該擔保物優先受償之權利」。基上規定，在大陸似無別除權之規定。蓋有擔保物權之債權人，雖就擔保物賣得之價金有優先受償之權利，但擔保物之處分，仍須由清算組為之(註六四)。惟設定擔保之財產不屬破產財產，清算組如何對之處理，不無疑問。

註六三　依大陸破產法第三十四條破產費用指(1)破產財產的管理、變賣和分配所需要的費用，包括聘任工作人員的費用。(2)破產案件的訴訟費用。(3)為債權人的共同利益而在破產程序中支付的其他費用。與我破產法之財團費用及財團債務不盡相同。

註六四　法政大學編，《民訴法釋義》，第二五一頁。方編，第二四六頁。惟教程第二一二頁謂依大陸破產法第三十二條規定，享有別除權之債權人，可以不依破產程序而行使其權利云云，似與條文規定不同。

六、破產財團

破產財團係依破產程序供公平分配於破產債權人之破產人所有財產之總稱。依破產法第八十二條規定，下列財產為破產財團：⑴破產宣告時，屬於破產人之一切財產，及將來行使之財產請求權。⑵破產宣告後，破產終結前，破產人所取得之財產（第一項）。又專屬於破產人本人之權利及禁止扣押之財產，不屬於破產財團（第二項）。準此可知，我破產法關於破產財團之構成係採膨脹主義，包括破產宣告時，屬於破產人之一切財產與將來行使之財產請求權，及破產宣告後破產終結前，破產人所取得之財產。但此並非謂破產人已毫無財產，其專屬於破產人本身之權利例如終身定期金債權（我民法第七百三十四條）或精神上損害賠償請求權（我民法第一百九十五條第二項），及禁止扣押之財產（例如我強執法第五十二、五十三、一百二十二條等規定），即不屬破產財團，學說上稱之自由財產。大陸破產法將破產人供作清償破產債權人之財產稱為破產財產，大體相當於破產財團(註六五)。依大陸破產法第二十八條規定，破產財產由下列財產構成：⑴宣告破產時破產企業經營管理的全部財產。⑵破產企業在破產宣告後至破產程序終結前所取得的財產。⑶應當由破產企業行使的其他財產權（第一項）。又已作為擔保的財產不屬於破產財產；擔保物的價款超過其所擔保債務數額的，超過部分屬於破產財產（第二項）。所謂破產宣告時破產企業經營管理的全部財產，須具下列特徵(註六六)①須破產宣告時，破產企業仍實際占有的財產，②此類財產主要係由企業經營管理之固有財產。依據所有權與經營權相分離之原則，全民企業對國家所有之財產享有經營權，經營權作為一種相對獨立之財產權，一旦由所有權分離，即具有相對的穩定性與排他性，它不但構成企業享有權利之基本內容，且作為企業對外承擔財產責任之基礎（大陸民法通則第四十八條）。③此類財產係企業經營管理之全部財產，不以企

註六五　參照教程，第一六四頁。簡論第八十八頁則謂：破產財產，又稱破產財團。
註六六　參照教程，第一七〇頁。

業之流動資產為限，其固定資產亦包括在內(註六七)。所謂應當由破產企業行使之其他財產權，一般包括企業擁有之債權、股權和專利權、商標權等無體財產權(註六八)。設定有擔保物權之破產人財產，在我破產程序中仍屬破產財團，惟擔保權人對之行使權利時，得不依破產程序為之而已（我破產法第一百零八條）。故如擔保權實行後，尚有餘額時，該餘額當然為破產財團，無待明文。但依大陸破產法第二十八條第二項規定，已作為擔保物之財產，不屬於破產財產，故須特別規定擔保物之價款超過其所擔保之債務價款，超過部分屬於破產財團。又國家專有之財產（例如礦藏、水流）及土地資源，亦不屬破產財團。依大陸土地管理法第十九條規定，當使用土地的國營企業因破產（計畫命令等而宣布撤銷的時候），國家應當收回用地單位的土地使用權，註銷土地使用證，故土地或土地使用權，原則上均不屬破產財產之範圍。惟大陸在實行土地有償徵用制度及經濟特區開設地產市場後，企業可按徵用費標準或市場價值有償取得之土地及天然資源使用權， 此項使用權學者認為仍屬破產財產(註六九)。再在大陸有破產能力者，限於企業法人，故不生類似我們的自由財產問題。

七、財團債務與財團費用

財團債務與財團費用係由義務人方面對債之關係而言，若由權利人方面對債之關係而言，則係財團債權。日本破產法即謂為財團債權。財團債權與財團費用係先於破產債權，由破產財團隨時清償（我破產法第九十七條）。故不得不加限制。依破產法第九十五條規定：下列各款為財團費用：⑴因破產財團之管理、變價及分配所生之費用。⑵因破產債權人共同利益所需審判上之費用。⑶因破產管理人之報酬（第一項）。破產人及其家屬之必要生活費及喪葬費，視為財團費用（第二項）。又破產財

註六七　據教程，第一七一頁謂，有主張限於企業之流動資產者。
註六八　參照教程，第一七二頁。簡論，第八十九頁。
註六九　參照教程，第一七三頁以下。

團成立後，其應繳納稅捐，為財團費用（稅捐稽徵法第七條）。再所謂財團債務係指下列債務：⑴破產管理人關於破產財團所為行為而生之債務。⑵破產管理人為破產財團請求履行雙務契約所生之債務，或因破產宣告後應履行雙務契約而生之債務。⑶為破產財團無因管理所生之債務。⑷因破產財團不當得利所生之債務（我破產法第九十六條）。大陸破產法僅有破產費用規定（大陸民訴法第二百零四條雖有關於破產費用一詞，但其內容則未有明文），破產費用應由破產財產優先撥付（大陸破產法第三十四條），而無關於財團債務之規定。所謂破產費用係指⑴破產財產之管理、變賣和分配所需要的費用，包括聘任工作人員的費用。⑵破產案件的訴訟費用。⑶為債權人的共同利益而在破產程序中支付的其他費用。依大陸破產法第二十六條第一項規定：對破產企業未履行的合同，清算組可以決定解除或者繼續履行。第二項規定：清算組決定解除合同，另一方當事人因合同解除受到損害的，其損害賠償作為破產債權。可知清算組如決定履行合同時，此項債務自屬破產財團之債務。至為破產財團無因管理或因破產財團不當得利所生之債務，學者謂不符合大陸施行之企業破產法有關規定，不應列入破產費用，但此等費用係因破產而發生者，應作為破產程序中發生之一種特殊債權，應在清償破產費用之後，清償此種債務，然後按清償程序清償破產債權(註七○)。

八、關於取回權

我破產法關於取回權設有二規定。一為一般取回權之規定：「不屬於破產人之財產，其權利人得不依破產程序，由破產管理人取回之」（我破產法第一百十條）。破產管理人承認權利人之取回權時，應得監查人之同意（我破產法第九十二條第十一款）。一為出賣人之取回權規定：「出賣人已將買賣標的物發送，買受人尚未收到，亦未付清全價而受破產宣告者，出賣人得解除契約，並取回其買賣標的物。但破產管理人得清償全價而請求標的物之交付」（我破產法第一百十一條）。而大陸破產法僅有

註七○　參照教程，第一九一頁。

一般取回權之規定，其第二十九條規定：「破產企業內屬於他人之財產，由該財產的權利人通過清算組取回」。至於出賣人之取回權則未設規定，惟學者謂：「依大陸民法通則第七十二條規定：『按照合同或者其他合法方式取得財產的，財產所有權從財產交付起移轉』，亦即在買賣標的物之實際交付為買受人所驗收接受之前，並不發生所有權之移轉問題，出賣人自可首先行使所有權，將自己之財產取回」(註七一)。

九、關於抵銷權

我破產法對於在破產程序中抵銷權之行使，有別於民法抵銷之特別規定：依我破產法第一百十三條規定：破產債權人於破產宣告時，對抗破產人負有債務者，無論給付種類是否相同，得依破產程序而為抵銷（第一項）。破產債權人之債權為附期限或解除條件者，均得抵銷（第二項），擴大民法關於抵銷以給付種類相同並均屆清償期之債權為限（我民法第三百三十四條）之範圍。同時為防止抵銷權之濫用，影響其他破產債權人之益權，復對抵銷權行使設有限制，破產法第一百十四條規定：有左列各款情形之一時，不得為抵銷：⑴破產債權人，在破產宣告後對於破產財團負債務者。⑵破產人之債務人，在破產宣告後，對於破產人取得債權或取得他人之破產債權。⑶破產人之債務人，已知有停止支付或聲請破產後而取得債權者，但其取得係基於法定原因或基於其知悉以前所生之原因者，不在此限。大陸破產法對此規定簡略，僅第三十三條規定：「債權人對於破產企業負有債務的，可以在清算前抵銷」。似係對於抵銷時期之規定。至抵銷之要件如何？大陸施行之民法通則及破產法或民事訴訟法均未設有規定。大陸學者對民法及破產法有關抵銷之詮釋，大體與我破產法及民法規定相同(註七二)。須特別說明者，依我破產法之規定，抵銷權之行使，得不依破產程序為之。故破產債權人，縱未經申報破產債權，亦得為抵銷。而在大陸，依學者謂僅有申報破產債權之債權人始

註七一　參照教程，第五十三頁。
註七二　參照教程，第二一四頁以下。

得主張抵銷，蓋破產債權人經通知或公告後，不於法定期限內申報破產債權者，視為自動放棄債權（大陸破產法第九條），自無抵銷權可得行使(註七三)。

十、關於撤銷權（否認權）

對於破產宣告採不溯及主義之法例，為防止破產人在破產宣告前為不利一般債權人之行為，對於破產人在破產宣告前所為詐害債權或偏頗行為，賦予破產管理人撤銷權或否認權以資救濟。我破產法第七十八條規定：債務人在破產宣告前所為之無償或有償行為，有害於債權人之權利，依民法之規定得撤銷者，破產管理人應聲請法院撤銷之。依民法第二百四十四條規定：債務人所為之無償行為，有害及債權者，債權人得聲請法院撤銷之。債務人所為之有償行為，於行為時，明知有害於債權人之權利者，以受益人於受益時亦知其情事者為限，債權人得聲請法院撤銷之。債務人之有害行為，發生於何時，法律並無限制，故實務上可能發生債權人依民法第二百四十四條對債務人提起撤銷之訴後，因債務人之破產,破產管理人又依破產法第七十八條規定提起撤銷之訴之問題。又依破產法第七十九條規定：債務人在破產宣告六個月內所為之左列行為，破產管理人得撤銷之：⑴對於現有債務提供擔保。但債務人對於該項債務已於破產宣告六個月前承諾提供擔保者，不在此限。⑵對於未到期之債務為清償者。破產管理人為本條之撤銷權行使，不須以訴主張。上述二種撤銷權，對於轉得人於轉得時知其有得撤銷之原因者，亦得行使之（破產法第八十條）。惟此二撤銷權行使之除斥期間為二年，自破產宣告時起算（我破產法第八十一條）。大陸破產法對於債務人於破產宣告前所為有害於一般債權人之行為，似採無效主義之立法。依大陸破產法第三十五條規定：人民法院受理破產案件前六個月至破產宣告之日的期間內，破產企業的下列行為無效。⑴隱匿、私分或無償轉讓財產。⑵非正常壓價出售財產。⑶對原來沒有財產擔保的債務提供擔保。⑷對未到

註七三　參照教程，第二二一頁。

期的債務提前清償。⑸放棄自己的債權。破產企業有前述所列行為者，清算組有權向人民法院申請追回財產。追回之財產，併入破產財產。依大陸民法通則第五十八條規定：「無效的民事行為，從行為開始起就沒有法律約束力」。似不待清算組之意思表示，自始即為無效。果爾，即無所謂否認權或撤銷權之存在及行使之可言。至清算組之向人民法院申請追回，應屬回復原狀問題（大陸民法通則第六十一條第一款）。惟大陸學者謂大陸破產法第三十五條係關於否認權之規定，而「否認權也是通過訴訟方式行使的」（註七四）。而其訴訟之性質則為「請求人民法院依法確認該法律行為無效」（註七五）。倘其訴訟之性質僅屬確認之訴，清算組可否不提起確認之訴而逕行提起返還之訴（給付之訴），即有疑問。又債務人在人民法院受理破產案件前六個月之有害行為（大陸破產法第三十五條所列行為），如果當然無效，倘破產之申請被駁回時，其效果可回復否？亦成問題。其實務上運作如何，因限於資料無從判斷。

十一、破產財團之管理及變價

　　依我破產法規定，破產財團由破產管理人管理之。故破產人應將與其財產有關之一切簿冊、文件，及其管有之一切財產移交破產管理人（我破產法第八十八條）。破產人之權利屬於破產財團者，破產管理人應為必要之保全行為（同法第九十條）。破產管理人得對破產人詢問關於其財產或業務（同法第八十九條），並得於第一次債權人會議前，經法院許可，於清理之必要範圍內，繼續破產人之營業（同法第九十一條）。法人破產時，破產管理人應不問其社員或股東出資期限，而令其繳納所認之出資（同法第九十三條）。破產管理人應依債權人決議之破產財團管理方法，以善良管理人之注意，執行其職務（同法第一百二十條第三款、第八十六條）一定之行為，並應得監查人之同意（同法第九十二條）。至變價之方法，除債權人會議另有決議指示外（同法第一百三十八條但書），應依

註七四　參照教程，第二三三頁。
註七五　參照教程，第二二四頁。

拍賣方法為之（同法第一百三十八條）。目前因尚未制定拍賣法，實務上認為無須依強制執行法關於強制拍賣之規定辦理(註七六)。在大陸方面，依大陸破產法第二十四條規定，人民法院應當自宣告企業破產之日起十五日內成立清算組，接管破產企業。清算組負責破產財產的保管、清理、估價、處理和分配。清算組可以依法進行必要的民事活動。任何單位和個人不得非法處理破產企業的財產、帳冊、文書、資料和印章等（同法第二十五條第一款）， 而應由破產企業法定代表人將之移交清算組處理（同法第二十六條第一款）。關於破產財產之處分，大陸破產法僅規定：破產財產中的成套設備，應當整體出售，不能整體出售的，可以分散出售(同法第三十六條)。此項規定乃屬法理所當然。至其處分應如何為之，法無特別規定，學者謂得依拍賣或變賣方法行之(註七七)。變價時，應受下列限制：①出賣固定資產須經企業上級主管部門批准，尤其企業擁有之高級精尖設備之出售，要須經主管部門之同意。②房屋、船舶、汽車和其他機動車等交通工具之出賣，須辦過戶手續，否則買賣關係不能成立。③為保證國家不喪失對一些主要生產資料，只能出賣給特殊主體，如國營企業。④企業專用設備，特殊設備盡量出賣與同類企業或急需此類設備之國營企業(註七八)。

十二、破產財團之分配

關於破產財團之分配，依我破產法規定，在第一次債權人會議後，破產財團之財產可分配時，破產管理人應即分配於債權人（我破產法第一百三十九條第一項），此即中間分配。為分配時，破產管理人應作成分配表，記載分配之比例及方法。分配表應經法院之認可並公告之（同法第一百三十九條第二、三項）。對於分配表有異議者，應自公告之日起十五日內向法院提出（同法第一百三十九條第四項），由破產法院裁定。破

註七六　參照最高法院一九四○年抗字第一二六號判例。

註七七　參照教程，第二四○頁。基礎知識，第一三四頁。

註七八　參照教程，第二四一頁以下。

產管理人於實施分配時，對於(1)附解除條件債權受分配時，應由債權人
提供相當之擔保，無擔保者提存其分配額（同法第一百四十條）。(2)附停
止條件債權之分配額，應提存之（同法第一百四十一條）。(3)破產債權數
額有異議或涉訟者，得按分配比例提出相當金額（同法第一百四十四條）。
當破產財團全部變賣完了時，應就所有破產財團為最後分配，其程序除
(1)附停止條件之債權或將來行使之請求權，如最後分配表公告後十五日
內，尚不能行使者，不得加入分配（同法第一百四十二條），(2)附解除條
件債權之條件，在最後分配表公告後十五日內尚未成就時，其已提供擔
保者，免除擔保責任，返還其擔保品（同法第一百四十三條）外，與中
間分配同。破產管理人於最後分配完結時，應即向法院提出關於分配之
報告。法院於接到報告後，應即為破產終結之裁定（同法第一百四十五、
一百四十六條）。　又破產財團於最後分配表公告後，復有可分配之財產
時(註七九)，破產管理人經法院之許可，應為追加分配。但其財產於破產
終結之裁定公告之日起三年後始發現者，不得分配（同法第一百四十七
條）。在大陸關於破產財團之分配，依大陸破產法規定，係先由清算組提
出破產財產分配方案，經債權人會議討論通過，報請人民法院裁定後執
行（大陸破產法第三十七條第一款）。分配方案之內容包括(1)破產企業所
欠職工之工資，勞動保險費用之數額。(2)所欠國家稅款之數額。(3)應參
加分配之破產債權額。(4)可實際分配之金額。(5)應參加分配之債權人姓
名。(6)破產費用。(7)分配程序之其他有關事項。清算組認為有必要實行
中間分配者，應在分配方案中提出實行中間分配之理由與程序(註八〇)。
分配方案須經債權人會議通過，始得報請人民法院裁定。債權人會議不
通過分配方案時，清算組須重新制定分配方案或修改分配方案(註八一)。
經人民法院裁定批准之分配方案，使分配之執行獲得法律依據。分配之

註七九　參照拙著，第二四二頁。

註八〇　參照柴編，第二四四、二四八頁。

註八一　參照柴編，第二四五頁。

執行，即具有國家之強制力(註八二)。清算組依分配方案將破產財產分配
完畢時，應提請人民法院，終結破產程序（同法第三十八條）。並由清算
組向破產企業原登記機關辦理註銷登記（同法第三十九條）。破產程序終
結後，破產企業有大陸破產法第三十五條所列行為之一（參照〔伍〕十
之說明），自破產終結之日起一年內被查出的，由人民法院追回財產，依
照同法第三十七條之規定清償（大陸破產法第四十條）。是為追加分配之
規定。其追加分配之標的物，較之我破產法為少(註八三)，且依學者之見，
此時分配之主體也已不再是清算組，因清算組在最後分配後便已撤銷，
故只能由人民法院進行分配(註八四)。

十三、破產程序之終結

破產程序之開始，依我破產法係自法院裁定宣告債務人破產時開始，
而依大陸破產法，則係自人民法院受理破產案件開始（參照〔伍〕一之
說明），從而兩岸關於破產程序終結之意義自不完全相同。在我們係指因
破產裁定所開始之破產程序終結而言，故其情形有三，(1)因最後分配完
畢，經法院為破產終結之裁定時（我破產法第一百四十六條第一項）。(2)
破產宣告後，破產財團之財產不敷清償財團費用及財產債務時(註八五)，
因破產管理人之聲請，法院以裁定宣告破產終止時（同法第一百四十八
條）。(3)調協經法院裁定認可時。而大陸之破產終結，則指人民法院受理

註八二　同註八一。

註八三　學者有謂追加分配之財產，尚包括由於清算組之失誤或其他原因未追回
　　　　之破產財產及應納入而未納入破產財產之財產者（參照教程，第二五〇
　　　　頁）。

註八四　參照教程，第二四九頁。

註八五　在破產宣告前法院發現債務人之財產不足清償破產程序之費用或不能構
　　　　成破產財團時，依司法院一九三六年院字第一五〇五號解釋(二)，法院應
　　　　以裁定駁回破產之聲請。此在日本依其破產法第一百四十五條規定，除
　　　　宣告破產外，並應同時為破產廢止之裁定。

之破產程序之終結而言。其情形有三，⑴經過整頓，因企業能夠按照和解協議清償債務而終結。⑵因破產財產不足以支付破產費用，人民法院因清算組之報告宣告破產程序終結（大陸破產法第三十四條第二項）。⑶破產財產分配完畢，由清算組提請人民法院終結破產程序（同法第三十八條）。

十四、免　責

　　依我破產法第一百四十九條規定，破產債權人依調協或破產程序已受清償者，其債權未能受清償部分，請求權視為消滅。但破產人因犯詐欺破產罪而受刑之宣告者，不在此限。可知破產人之免責條件須①已依調協使債權人受償(註八六)，或債權人依破產程序已受清償，亦即經最後分配完畢而終結破產程序，②破產人未因犯詐欺破產罪而受刑之宣告。我破產法因採一般破產主義，免責主義對於自然人為破產人時，有其重要意義，如破產人為法人或遺產（我破產法第五十九條第一項）時，破產財團經最後分配而終結破產程序時，法人人格消滅，遺產已全分配而不存在且無人格者須承受未了債務，縱未規定其請求權消滅，該請求權亦因無義務人可得對之行使而無意義。又須注意者，本條僅規定債權人對破產人之請求權消滅而已，若就同一債務尚有其他共同債務人（例如連帶債務人）或保證人時，債權人仍得對之行使，他共同債務人或保證人無主張本條免責規定之餘地(註八七)。在大陸方面，依大陸破產法第三十八條規定，破產財產分配完畢，由清算組提請人民法院終結破產程序。破產程序終結後，未得到清償的債權不再清償。惟大陸破產法規定，僅企業法人有破產能力，故依前開說明，有無免責規定，其意義不大，且反滋生此項免責之效力是否及於同一債權之其他共同債務人或保證人問題。

註八六　債務人已依調協內容清償債權人之債務時，債之關係即因而消滅，實不另
　　　　生免責效果，免責之效果係於調協成立經認可時發生。
註八七　參照最高法院一九六二年臺上字第二二四三號判例。

〔陸〕其他規定

一、調　協

依我破產法第一百二十九條規定，破產人於破產財團分配未認可前，得提出調協計畫。調協計畫須經債權人會議之可決，並經法院認為可決之條件公允而予裁定認可（同法第一百三十五條）。調協經認可後，對於一切破產債權人均有效力（同法第一百三十六條）。可知調協係在破產宣告後，破產人與破產債權人團體間所成立之和解，與破產宣告前之和解（同法第二章）有別。此一制度為大陸破產法所無。

二、復　權

債務人受破產宣告時，其公私法上之資格，往往受法律之限制，例如不得充任律師（我律師法第四條第一項第五款）、會計師（我會計師法第四條第四款）、經理人、股份有限公司董監事（我公司法第三十條第四款、第一百九十二條第三項、第二百十六條第三項）等，此項資格之限制，並不因破產程序之終結而當然回復，故須有復權之程序。依破產法第一百五十條規定：破產人依清償或其他方法解免其全部債務時，得向法院為復權之聲請（第一項）。其不能依前項規定解免其全部債務，而未依第一百五十四條或第一百五十五條之規定受刑之宣告者，得於破產終結三年後或於調協履行後，向法院為復權之聲請（第二項）。大陸破產法僅企業法人有破產能力，不生企業法人公私法上資格之限制，故亦不生復權問題，無關於復權程序之規定。

三、破產犯罪

我破產法第四章罰則，規定有八種破產犯罪類型，就其犯罪之特別構成要件分別予以規定，以別於一般犯罪。大陸破產法並無類此之規定，學者有謂此為立法之不足，有加以規定，以維護破產程序之正常進行者(註八八)。

四、行政責任之追究

大陸破產法對於宣告破產之企業代表人及其上級主管部門領導人，設有關於行政處分之規定，其第四十二條規定：企業宣告破產後，由政府監察部門和審計部門負責查明企業破產的責任（第一項）。破產企業的法定代表人對企業破產負有主要責任的，給予行政處分（第二項）。破產企業的上級主管部門對企業破產負有主要責任的，對該上級主管部門的領導人，給予行政處分（第三項）。破產企業的法定代表人和破產企業的上級主管部門的領導人，因玩忽職守造成企業破產，致使國家財產遭受重大損失的，依照大陸刑法第一百八十七條規定追究刑事責任（第四項）。由上述規定觀之，大陸破產法對於企業破產之責任，於破產法上課以行政責任，此為一般自由經濟國家之破產法所未見。我破產法亦無相似之規定。

〔柒〕結 語

由於兩岸在經濟制度上，有基本的不同，我破產法係在私有財產制及自由經濟制度下制定之法制，故重在經濟秩序之維護及破產人財產之清理與債權人公平受償之規定，法院則立於公正之地位，監督破產（或和解）程序之進行。時至今日，基於國際及國內經濟結構之轉型，司法院於一九九三年底已聘請學者專家組成破產法研究修正委員會開始從事破產法之研究修正。大陸自一九八二年以後，因經濟體制之改革，走向商品經濟之路，有感於國家承受企業失敗負擔之沈重，為使企業承擔破產的經濟後果，減少國家負擔，故有破產制度之建立(註八九)，先後制定大陸破產法及於大陸民事訴訟法中規定企業法人破產還債一章，但觀其

註八八　參照教程，第二六二頁。

註八九　參照教程，第四十頁以下；孫、袁編，第五頁以下。

內容頗簡略，且諸多行政干預，其能否達成一般破產制度所欲達成之目的，尚有待將來之觀察。

行政訴訟法修正草案關於訴訟參加之評釋

要　目

（本文原載於《法令月刊》，第四十九卷第四期）

行政訴訟法修正草案關於訴訟參加之評釋

〔壹〕前　言

　　行政訴訟法第八條規定:「行政法院得命有利害關係之第三人參加訴訟，並得因第三人之請求，允許其參加」，同法第七條第一項規定:「行政訴訟之當事人，謂原告、被告及參加人」。是參加訴訟之第三人，在行政訴訟上之性質如何? 訴訟上之地位如何? 參加訴訟之要件如何? 其所參加訴訟之判決，對於參加人之效力如何? 行政訴訟法第三十三條關於訴訟參加所得準用民事訴訟之範圍如何? 行政法院對此，固有若干判例，不外認訴訟參加應於本訴訴訟繫屬中為之(註一)，且不得為自己有所請求(註二)，並準用民事訴訟法第五十八條規定，須以與本訴訟有法律上利害關係者為限(註三)。由上述行政法院之判例分析觀之，行政訴訟實務上似認第三人之參加訴訟，與民事訴訟法第五十八條所定之訴訟參加同。惟行政訴訟法第七條第一項既明定參加人為行政訴訟之當事人，何以其僅有輔助之地位，而不能獨立為自己有所請求? 又第三人參加訴訟後，

註一　參照行政法院二十四年裁字第一二〇號、四十四年裁字第四九號、四十八年裁字第一四號、同年裁字第一九號、五十一年裁字第五三號等判例。

註二　參照行政法院四十四年裁字第四八號、同年第四九號、同年判字第八二號等判例。

註三　參照行政法院四十四年裁字第三〇號、同年第四八號、第四九號、第五〇號、四十七年裁字第五四號、四十八年裁字第一四號、五十年裁字第五〇號等判例。

對於本訴訟之確定判決固因其為訴訟當事人而得對之提起再審之訴(註四)，但本訴訟確定判決，對於第三人之效力，係基於判決之既判力而來？抑係因撤銷訴訟之撤銷判決所生之形成力之結果？則不明瞭。凡此均係因現行行政訴訟法之規定過於簡略所致。好在現行行政訴訟僅有撤銷訴訟一種，且係一審終結制，參加訴訟之情形尚不多見，實務上未見有大礙。惟行政訴訟將採二審制，訴訟種類亦增加給付之訴及確認之訴，訴訟參加制度之運用，勢必增加，故司法院行政訴訟制度研究修正委員會乃參考德日之訴訟參加制度，加以修正。該修正草案已送立法院並完成一讀程序。本文擬就該草案之規定，評析之。

〔貳〕德、日訴訟參加制度之簡介

修正草案關於訴訟參加制度係參照德國行政法院法，並酌採日本法例而增設(註五)，為探討修正草案之規定，爰先就德、日之規定，作一簡介。

一、德國行政法院法有關訴訟參加之規定

德國之行政訴訟程序規定於其行政法院法(Verwaltungsgerichtsordnung)中，關於訴訟參加(Beiladung)則規定於其第二章訴訟程序第七節一般程序規定之第六十五條及第六十六條。其第六十五條規定(註六)：「(1)訴訟程序尚未以確定裁判終結前，或尚於上級審繫屬中者，法院得依職權或他人之聲請，表明其法律上之利益將受裁判所影響者，許其參加訴訟。(2)依訴訟之法律關係，其裁判對於第三人亦須合一確定者，須命其

註四　參照行政法院四十七年裁字第五一號判例。

註五　參照司法院編印《司法院行政訴訟制度修正資料彙編(一)》，第七八四頁，及同彙編(三)第九一五頁以下。

註六　關於德國行政法院法條文，係採用司法院秘書處發行中譯德、奧、法、日行政法院法（八十五年四月）之譯本。

參加訴訟（必要之參加）。(3)依第二項所定參加人之人數逾五十人者，法院得以裁定諭知，其等於一定期限內聲請參加者，始得參加訴訟。對於此項裁定，不得聲明不服。此項裁定應刊載於《聯邦公報》，並須另刊登於當地發行之日報，該日報須可預見刊登裁判之效果。其所定期間，須自登載於《聯邦公報》之日起三個月以上。刊登報紙之公告，須告知到期日。對於遲誤期間之回復原狀，適用第六十條之規定。對於已知之特定多數人為裁判者，縱然未經聲請，法院亦應命此等人參加訴訟。(4)參加訴訟之裁定，須送達於各參加人。該裁定須敘明事件之現狀與參加之理由。對於參加不得聲明不服」。其第六十六條規定：「參加人得於訴訟當事人聲請之範圍內，為獨立之攻擊或防禦方法，以及為一切訴訟行為。對於不同之實體上聲請，則僅得於必要參加時，提起之」(註七)。且依同法第六十三條規定，第六十五條之參加人，亦屬訴訟關係人(Beteiligte)。參加人依第一百二十一條之規定，為本訴訟判決之既判力所及。準上規定，可知：

(一)德國關於訴訟參加人之規定

　　在德國之行政訴訟上，參加人可分為二種，即通常參加(einfache Beiladung)與必要參加(notwendige Beiladung)。前者為因裁判之結果，法的利益(rechtliche Interessen)受影響(berührt werden)之第三人，依職權或聲請使其參加訴訟；後者則為裁判對第三人必須合一確定之情形，有使第三人參與所爭執之法律關係而命其參加者(註八)。

(二)關於通常訴訟參加之要件

　　(1)須於本訴訴訟繫屬中參加，但依其行政法院法第一百四十二條規定，於上訴第三審繫屬中，則不允許參加訴訟。

註七　此處德國行政法院法第六十六條之原文為"notwendige Beiladung"，應為「必要參加」而非「緊急參加」，譯本似有誤會，故予更正。

註八　參照高林克己著，〈訴訟參加〉，《《實務民事訴訟法講座8.，行政訴訟Ⅰ》，日本評論社），第二〇二頁以下。

⑵須其法律上之利益，將因本訴訟之裁判而受影響，換言之，第三人
與某造或兩造當事人，或僅對訴訟標的處於某種關係，而一造之勝
訴，將使其法律上地位遭受有利或不利之影響之情形。此所謂法律
上利益(rechtliches Interresse)，不以公法上性質者為限，私法上之利
益亦屬之。惟非受到法律上保護之事實上利益，或單純之反射利益，
則不在內(註九)。

(三)關於必要訴訟參加之要件

⑴須於本訴訴訟繫屬中參加，此點與通常訴訟參加同(註一〇)。

⑵須訴訟標的對於第三人為裁判所必須合一確定。所謂裁判必須合一
確定(Einheitlichkeit der Entscheidung)係指法院就訴訟標的所為之裁
判，不僅內容須相同，且須為一致之判決。於具體事件中，此要件
之認定，係以系爭法律關係所適用之實體法規定為其基準。裁判之
結果，如對於第三人亦有直接之法律效果時，該訴訟標的即對第三
人必須合一確定。換言之，必要訴訟參加，以第三人之權利直接受
到裁判之形成或確認效果之影響為其要件。裁判必須合一確定，須
基於法律上之原因，如僅因事實情況或邏輯推理而有裁判合一確定
之事實上需要，尚非必要訴訟參加(註一一)。

(四)訴訟參加人地位

⑴參加人地位之取得

參加人地位之取得，須經行政法院之裁定。除行政法院依職權裁定
命第三人參加訴訟外，第三人亦得聲請參加。惟在第三人聲請訴訟

註九　Ferdinand O. Kopp, VwGO 8 Aufl. s. 735f.；資料彙編㈢第一〇一三——一〇一
四頁。

註一〇　參加人之人數逾五十人者，法院得以裁定諭知，其等於一定期限內聲請參
加者，始得參加訴訟。但對於已知之特定多數人為裁判者，縱未經聲請，
法院亦應命其參加訴訟。參照德國行政法院法第六十五條第三項規定。

註一一　Kopp. a.a.O. s. 793f.；資料彙編㈢第一〇一四——一〇一五頁。

參加之情形，本訴訟當事人無對其異議之權。行政法院對於通常訴訟參加之聲請，得自由裁量准否其參加，但對於必要訴訟參加，則有義務，不得裁量。命訴訟參加之裁定，須送達於所有訴訟關係人(Beteiligte)，且對此裁定不得抗告（第六十五條第三項）。第三人於收受命參加之裁定時，即具備訴訟參加人之法律地位，至其實際上是否參加訴訟，於訴訟參加人之地位無影響。

⑵訴訟參加之效果

⒜德國行政法院法上之參加人，原則上不以輔助一造當事人為限，而可同時或交替對抗兩造當事人，故參加人為維護其本身之法律上權益，係獨立行使其於訴訟程序上所具有之權利(註一二)。參加人依德國行政法院法第六十三條規定，與原被兩造雖同為訴訟關係人，但究非訴訟當事人，故專屬於當事人之行為，例如對於訴訟標的之處分，訴訟參加人不得為之。

⒝在通常訴訟參加之情形，因參加人僅係因其法律上之利益將受裁判之影響，故以直接關係其本身訴訟上之地位者為限，得為訴訟行為，至若有關當事人間訴訟標的及訴訟程序，仍受當事人聲明之拘束。依德國行政法院法第六十六條前段規定，參加人得於當事人聲請之範圍內，為獨立之攻擊或防禦方法，以及為一切訴訟行為。換言之，通常參加人須受當事人所提訴訟標的之拘束，而不得為與當事人相異之實體聲請。惟事實上及法律上之主張及程序聲請，則得獨立有效為之，並不受當事人訴訟行為之限制。但於參加時已為之訴訟行為，通常參加人不得請求重複為之。對於下級行政法院之判決，通常參加人以其法律上利益受判決侵害者為限，得對之獨立提起上訴。如判決已經確定，亦得提起再審之訴。又依德國行政法院法第一百二十一條規定，確定判決有拘束所有訴訟關係人之效力。通常參加人亦為訴訟關係人（第六十三

註一二　參照高林克己著，前揭文，第二〇二頁。資料彙編㈢，第一〇一六頁。

條)，自應受確定判決之拘束。惟因其不如必要參加人參與訟爭實體法律關係，故確定判決之效力僅限於其法律上利益受該判決影響之範圍內(註一三)。

(c)在必要訴訟參加之情形，必要參加人參與訟爭之實體法律關係，且裁判對其亦須合一確定，故必要參加人在訴訟上具有如必要共同訴訟(notwendige Streitgenessenschaft)人之法律地位。必要參加人得為任何訴訟行為，並得提出與當事人相異之實體聲請（第六十六條第二句）。必要參加人為維護其訴訟上之權利，對於參加時已為之訴訟行為，得請求重複為之。當事人對於訴訟標的及程序所為之處分，亦須經必要參加人之同意，始生效力。確定判決，無論形式上或實質上均對必要參加人發生拘束力，故給付判決對於必要參加人亦可強制執行。裁判欠缺必要參加時，訴訟程序有重大瑕疵(註一四)，如判決已確定，亦僅具形式上之確定力，而無實質上之確定力(註一五)。

二、日本行政事件訴訟法有關訴訟參加之規定

日本行政訴訟之訴訟參加，依其行政事件訴訟法第二十二條規定：「法院，就訴訟之結果認為有損害第三人權利之虞時，得依當事人或第三人之聲請或依職權以決定命該第三人參加訴訟（第一項）。法院為前項決定時，應先聽取當事人或第三人之意見（第二項）。為第一項聲請之第三人，對於駁回該聲請之決定，得為即時抗告（第三項）。依第一項規定參加訴訟之第三人，準用民事訴訟法第六十二條(註一六)（必要共同訴訟

註一三　參照資料彙編㈢第一〇一七－一〇一九頁。

註一四　參照司法院印行，《德國行政訴訟事件裁判選集》，八十六年六月，第一四六頁以下之案例。

註一五　參照資料彙編㈢第一〇一九－一〇二〇頁。

註一六　此之民事訴訟法條文為修正前之條文，依平成八年公布之新民事訴訟法第四十條第一至三項（以下文中所敘如為舊法之規定者，註明（舊）民事

人之地位）之規定（第四項）。依第一項規定，第三人為參加之聲請時，準用民事訴訟法第六十八條(註一七)（參加人之訴訟參與）之規定（第五項）」。其第二十三條規定：「法院，認為有使其他行政機關參加訴訟之必要時，得依當事人或其他行政機關之聲請或依職權，以決定命該其他機關參加訴訟（第一項）。法院為前項決定時，應先聽取當事人及該行政機關之意見（第二項）。依第一項規定，為參加訴訟之行政機關，準用民事訴訟法第六十九條(註一八)（參加人之訴訟行為）之規定（第三項）」。可知：

1. 在日本之行政訴訟上，訴訟參加，依其行政事件訴訟法雖係規定於第二章第一節撤銷訴訟中；惟其規定，於其他抗告訴訟及民眾訴訟、機關訴訟亦有準用（第三十八條第一項、第四十三條第一項、第二項）。

2. 日本行政訴訟上之訴訟參加可分為二類，一為第三人之訴訟參加，一為行政機關之訴訟參加。前者為因訴訟之結果，第三人之權利有受損害之虞時，依當事人或第三人之聲請或依職權，使第三人參與訴訟；後者係法院認有使行政機關參加訴訟之必要時，依當事人或其他機關之聲請或依職權使其參與訴訟。

3. 關於第三人之訴訟參加

⑴參加之要件

⒜須於他人間之行政訴訟事件繫屬中參加。但不以在第一審為參加之必要，即在第三審亦得為訴訟參加(註一九)。

訴訟法，如為新法，不加註）。

註一七　新民事訴訟法為第四十五條第三項及第四項。

註一八　新民事訴訟法為第四十五條第一項及第二項。

註一九　參照並木茂著，〈參加〉（載於《現代行政法大系⑸》，第一七〇頁）。南博方編，《條解行政事件訴訟法》，第五八一—二頁。園部逸夫編，《注解行政事件訴訟法》，第三二八頁。

(b)須訴訟之結果，第三人之權利有受損害之虞。此所謂第三人係指訴訟當事人以外之人，並包括國家及自治團體，但行政機關則不包括在內(註二〇)。而所謂「權利」，不限於嚴格意義之權利，尚包括法律上之利益在內，　單純的事實上利益或經濟上利益則不在內(註二一)。又所謂「訴訟之結果，權利有受損害之虞」，不以第三人之權利因判決之形成力直接受有損害者為限，即依判決之拘束力所為新處分而受有損害之情形，亦包括在內(註二二)。

(2)參加之程序

日本行政事件訴訟法設置第三人訴訟參加之規定之目的，在使①因訴訟結果，權利受有損害之虞之第三人（可視為實質之當事人），有於訴訟上為攻擊防禦之機會，以保護其利益，②實現適當正確之審理與裁判，③防止第三人再審之訴（行政事件訴訟法第三十四條）之提起(註二三)。故第三人之訴訟參加，原則上採用強制的參加（職權訴訟參加），由法院依職權以決定命其參加（行政事件訴訟法第二十二條第一項）。惟為擴大此制度利用機會之必要，當事人或第三人亦有聲請之權（同條第一項）。當事人或第三人為聲請者，應準用民事訴訟法第四十三條所定聲請訴訟參加之程式，並由法院就其參加之聲請為准駁之決定。法院於決定前，應聽取當事人及第三人之意見（同條第二項）。對於駁回第三人訴訟參加聲請之決定，第三人得為即時抗告（同條第三項）。至當事人聲請第三人訴訟參加被決定駁回及法院准許第三人為訴訟參加時，當事人對其決定可否提起抗告，學者間尚無一致之見解，亦無判例可尋(註二四)。

註二〇　參照並木著，第一七〇頁、南博方編，第五七九頁。

註二一　參照並木著，第一七一頁。南博方編，第五八〇頁。園部編，第三二八頁。

註二二　參照園部編，第三二八頁。並木著，第一七一頁。南博方編，第五七九頁。

註二三　參照並木著，第一七〇頁。

註二四　參照並木著，第一七二頁。園部編，第三三〇頁。南博方編，第五八二頁。

⑶參加人之地位

　　第三人於有法院准參加之決定時，即取得參加人之地位。此時因準用（舊）民事訴訟法第六十二條規定(註二五)（行政事件訴訟法第二十二條第四項）之結果，參加人與被參加之當事人間，構成準必要共同訴訟之共同訴訟人關係，為共同訴訟的輔助參加人(註二六)。故參加人之行為以有利於被參加之當事人為限，生其效力（民事訴訟法第四十條第一項）。從而，參加人所為有利之訴訟行為，對全體發生效力；不利之行為，對全體不生效力。僅參加人對於他造當事人主張之事實為爭執時，亦屬全體對之爭執。但訴之撤回須得全體之同意。訴訟參加後，被參加之當事人所為自白、捨棄、認諾亦不生效力。參加人發生訴訟停止之事由時，訴訟亦因之停止（民事訴訟法第四十條第三項）。又參加人並非有獨立請求之當事人，其訴訟行為受參加時訴訟程度之限制(註二七)，從而於被參加之當事人逾時提出攻擊防禦方法或於準備程序後，始行參加者，其主張與舉證則受限制(註二八)。

⑷參加之效果

　　參加人應受本訴訟判決之拘束。學者間對之固無爭執，但其效力係源自行政事件訴訟法第三十二條之規定，抑係因共同訴訟的輔助參加人關係，直接受判決之拘束，則有爭論(註二九)。此在第三人經行

室井力編，《行政救濟法》，日本評論社，第二七七頁。

註二五　新民事訴訟法為第四十條第一至三項。

註二六　參照東京地決昭和四十六・二・六判時六二八號八十四頁。

註二七　參照並木著，第一七二頁。杉本良吉著，《行政事件訴訟法の解說》，法曹會，昭和三十八年，第八十頁。南博方編，第五八三頁。

註二八　參照園部編，第五八三—五八四頁。

註二九　參照山村恆年著，《行政過程と行政訴訟》，信山社，平成七年，第二六八頁。園部編，第三三○—三三一頁。南博方編，第五八四頁。杉本著，第

政法院命其參加而未參加訴訟之情形，參加人可否依同法第三十四條第一項規定提起再審之訴，至有關係。主張參加人係依第三十二條規定而受判決之拘束（通說認係判決之形成力）者(註三○)，因適用第三十四條第一項規定，不得提起再審之訴。惟在主張基於共同訴訟的參加人關係，直接受判決拘束者，則認輔助參加人得為被參加人提起再審之訴，不受第三十四條第一項規定之限制(註三一)。

(5)其他準用民事訴訟法之第三人之訴訟參加

行政事件訴訟法第七條規定，行政事件訴訟，本法未規定者，依民事訴訟之例。則除行政事件訴訟法第二十三條、第二十四條所定第三人之訴訟參加與行政機關之訴訟參加外，民事訴訟法所定之第三人訴訟參加型態，是否有其準用，不無疑問，就舊民事訴訟法（即平成八年修正前法）之規定，分別檢討如下：

(a)輔助參加（舊民事訴訟法第六十四條）(註三二)：第三人對於他人間訴訟（本訴訟）之結果有利害關係者，於訴訟繫屬中，得為輔助當事人之一方，而參加訴訟。此時，若當事人無異議，法院、參加人不必釋明參加之事由，法院亦無須就其參加為准否之裁判，即取得參加人之地位（同法第六十六條）(註三三)。除其情形合於行政事件訴訟法第二十二條第一項之規定，屬共同訴訟之輔助參加，應適用行政事件訴訟法之規定外(註三四)，其他對本訴訟有利害關係之第三人，通說認為仍非不得依民事訴訟法之規定為輔助

八十頁。並木著，第一七二頁。

註三○　參照南博方編，第五八四頁。

註三一　參照南博方編，第五八五頁。

註三二　新民事訴訟法為第四十二條。

註三三　新民事訴訟法為第四十四條第一項。

註三四　於此情形，實務上認其無參加利益〔大阪高決昭和四十・十二・八（行集一六－一二－二○一二〕。

參加(註三五)。

(b)獨立當事人參加（舊民事訴訟法第七十一條）(註三六)：第三人主張訴訟之結果，有害其權利，或訴訟標的之全部或一部為其自己之權利，於訴訟繫屬中以當事人雙方為對造，自己為獨立之一造當事人之訴訟參加，謂之獨立當事人參加。雖謂訴訟參加，實際上係第三人於他人之訴訟（本訴訟）中，提起新訴（參加之訴），合併於本訴中而為合併審理及判決，以避免裁判之衝突。於行政訴訟中，可否提起獨立之當事人參加之訴訟，實務上及學說上，相當分歧。有從紛爭統一合理解決之立場採肯定說，亦有認理論上不可能，採否定見解者(註三七)。

(c)共同訴訟參加（舊民事訴訟法第七十五條）(註三八)：訴訟標的對於當事人之一方及第三人必須合一確定，而該第三人得為共同訴訟人但參加訴訟之情形，為共同訴訟參加。此時，實際上即為共同訴訟人之訴之追加。於行政訴訟上是否得為共同訴訟參加，學者有謂行政事件訴訟法第二十二條之參加人既取得與共同訴訟人取得同一之訴訟上地位，認無承認共同訴訟參加之必要者(註三九)；有認共同訴訟參加時，仍須具備訴訟要件（即出訴期間、審查請求前置等特別要件），如已具備，應無不准許之理由者(註四〇)。

註三五　但亦有不同之見解。參照南博方編，第五七四頁。山村著，第二七〇頁。並木著，第一八〇頁。園部編，第三二五頁。室井編，第二七八頁。

註三六　新民事訴訟法為第四十七條第一項。

註三七　參照室井編，第二七八頁。南博方編，第五七六—五七七頁。園部編，第三二六頁。

註三八　新民事訴訟法為第五十二條。

註三九　參照高林著，第二〇三頁。

註四〇　參照南博方編，第五七八頁。並木著，第一七九頁。山村著，第二七五頁。

此外，依行政事件訴訟法第十八條規定：第三人於撤銷訴訟言詞辯論終結前，得就有牽連請求之訴，合併提起之。於此情形，如該當撤銷訴訟繫屬於高等法院時，準用第十六條第二項之規定（第一項）。

4.關於行政機關之訴訟參加

(1)行政訴訟之裁判，除拘束為被告當事人之行政機關外，亦有拘束其他行政機關之效力（行政事件訴訟法第三十三條第一項），故其他行政機關於行政訴訟亦有重大關係，例如多階段之行政處分之行政訴訟，對於前階段處分之行政機關，或行政處分因上級機關之撤銷而對撤銷之訴願、再訴願決定，提起行政訴訟時之被撤銷行政處分之下級行政機關，對於行政訴訟法律關係之成立及效力均有關係，為達行政訴訟之適當、正確審理及裁判，自有命其參與訴訟，使其提出攻擊防禦方法，並就爭點提出相關證據資料之必要，故規定法院認為有使其他行政機關參加訴訟必要時，得依當事人或其他機關之聲請或依職權，以決定命該其他機關參加訴訟。

(2)依行政事件訴訟法第二十三條第三項規定：「依第一項規定，為參加訴訟之行政機關，準用（舊）民事訴訟法第六十九條（參加人之訴訟行為）之規定」(註四一)，可知此之訴訟參加，其性質上係類似於民事訴訟之輔助參加（或從參加）(註四二)。

(3)參加訴訟之要件

(a)須於他人間之訴訟繫屬中參加訴訟。其理由與第三人之參加訴訟同。

(b)其參加之適格要件，須以為訴訟參加之行政機關對於訟爭行政處分之作成有分屬之權利，或參與該訟爭行政處分之成立者為必要(註四三)。

註四一　新民事訴訟法為第四十五條。

註四二　參照室井編，第二七九頁。園部編，第三三二頁。

註四三　參照南博方編，第五八八－五八九頁。阿部泰隆編，《行政事件訴訟法》，

(c)被參加人須為主張行政處分成立並有效之一方當事人(註四四)，換言之，應參加為被告之行政機關一造。原告係主張行政處分之不成立、無效，如其他行政機關參加原告一造，則使行政意思分裂，與行政機關訴訟參加制度之目的相反，應認為不應准許(註四五)。

(d)須為法院認其他行政機關有參加訴訟之必要，其他行政機關之參加訴訟，與第三人之參加訴訟不同，不以有參加之結果，權利有受損害之虞為必要，但須行政法院認有使其參加訴訟之必要為要件。至有無參加訴訟之必要性，則就具體個案，由法院裁量決定之(註四六)。

(4)參加之程序：其他機關之訴訟參加，得由行政法院依職權，或因當事人或其他機關之聲請，以決定命其參加訴訟。其依聲請者，其程式準用民事訴訟法第四十三條之規定。法院為決定時，應先聽取當事人及該行政機關之意見。對於法院之決定（無論係依職權或依聲請），當事人及其他行政機關對之均不得聲明不服(註四七)。

(5)參加人之地位：於法院為命參加之決定時，為參加訴訟之行政機關，準用（舊）民事訴訟法第六十九條之規定。因此，參加機關得以準輔助參加人之地位，遂行訴訟行為，但不得為與被參加人不利益或牴觸之訴訟行為。參加機關因非訴訟當事人，判決對其不發生既判力，但仍應受判決參加效之拘束(註四八)。參加機關如為行政事件訴

三省堂，一九八四年，第二二五頁。京都地決昭和五十年四月七日（判時八〇五—五九）判例。

註四四　參照名古屋高判昭和四十九年四月九日（判時七五八—四一）判例。

註四五　參照南博方編，第五九〇頁。園部編，第三一六頁。室井編，第二八〇頁。並木著，第一七五頁。杉本著，第八十一—八十二頁。

註四六　參照室井編，第二七九—二七八頁。

註四七　參照並木著，第一七五頁。園部編，第三三三—三三四頁。

註四八　參照南博方編，第五九〇頁。反對說：園部編，第三三四頁認不生參加效

訟法第三十三條第一項之關係行政機關時，則應受同條撤銷判決拘
束力之拘束。

〔參〕行政訴訟法修正草案之訴訟參加

現行行政訴訟法第八條規定，得命有利害關係之第三人參加訴訟，
並得因第三人之請求，允許其參加。第七條第一項復規定，行政訴訟之
當事人，謂原告、被告及參加人。可知行政訴訟之參加人與民事訴訟之
參加人並不相同。蓋行政訴訟所涉及者，除私益外尚涉及公益。行政訴
訟之目的，在保障人民權益外，尚有確保國家行政權之合法行使，增進
司法功能之目的（草案第一條）。在撤銷訴訟之撤銷判決，其形成力尤及
於第三人，自有命對於判決有利害關係人參與訴訟之必要。故行政法院
得依職權命有利害關係之第三人參加訴訟，並使參加人取得行政訴訟當
事人之地位。惟行政訴訟法第三十三條規定，本法未規定，準用民事訴
訟法之規定，則民事訴訟法所定訴訟參加之規定，例如第六十條當事人
對第三人參加訴訟之異議權、第六十一條參加人之權限、第六十三條本
訴訟裁判對參加人之效力等規定，是否在準用之規定，參加人是否受本
訴訟既判力之拘束（第七條第一項、第三十三條，民事訴訟法第四百零
一條第一項）等，均因現行法規定過於簡略而產生疑問，在修正草案增
加行政訴訟之種類（增加給付之訴及確認之訴）後，訴訟參加所生問題，
勢必更加複雜。故草案乃於第三章中特設訴訟參加一節（第四節），共八
個條文（草案第四十一條至第四十八條）予以規定。分述如下：

一、草案所定訴訟參加之種類及判決之效力

草案將訴訟參加之類型仿日本法例，分為二大類型，即第三人之參
加訴訟與行政機關之參加訴訟。而第三人之參加訴訟，則仿德國法例，
再分必要共同訴訟之獨立參加、利害關係人之獨立參加、及利害關係人

問題。

之輔助參加三種。並明文規定本訴訟判決之既判力擴張及於必要共同訴訟之獨立參加人與利害關係人之獨立參加人（草案第四十七條）。於利害關係人之輔助參加，則僅有民事訴訟法第六十三條所定之參加人效力（草案第四十八條）。

二、必要共同訴訟之獨立參加（草案第四十一條）

㈠參加之要件

依草案第四十條規定：訴訟標的對於第三人及當事人一造必須合一確定者，行政法院應以裁定命該第三人參加訴訟。可知：

⑴草案必要共同訴訟之獨立參加與德國必要訴訟參加不同。後者係以訴訟標的，其裁判對於第三人必須合一確定為要件，而前者則以訴訟標的對於當事人之一造須合一確定為要件。草案之規定，係源於民事訴訟中之必要共同訴訟。在民事訴訟中，訴訟標的對於共同訴訟人必須合一確定之情形，又因是否應由共同訴訟人全體一同起訴或被訴，當事人始為適格，而分為固有的必要共同訴訟與類似必要共同訴訟。前者須共同訴訟人全體一同起訴或被訴，否則當事人不適格，法院即應以其訴為無理由而予判決駁回(註四九)。行政訴訟之必要共同訴訟，是否包含民事訴訟上之上述二種情形，法條本身與民事訴訟法同，並未有明白規定。而研修委員會討論中，委員王甲乙、楊建華先生認為草案第四十一條之情形，限於固有必要共同訴訟之情形(註五〇)，委員陳瑞堂先生對此雖曾有質疑(註五一)，但未作成結論。吾人以為行政訴訟與民事訴訟上之參加人不同。民事訴訟之參加人係訴訟當事人以外之第三人，而草案第四十一條之參加人依草案第二十三條規定，則為訴訟當事人(註五二)。可知此之當事人

註四九　參照拙著，《民事訴訟法論（上）》，三民書局，第一六四頁以下。

註五〇　參照彙編㈢第一一二七—一一二八頁之發言記錄。

註五一　參照彙編㈢第一一二七—一一二八頁之二次發言記錄。

註五二　民事訴訟之當事人係指民事訴訟法律關係之主體，以自己之名義，向法院

意義與民事訴訟上之當事人不同。又行政訴訟之提起，尚有與民事訴訟不同之諸多限制，例提起訴訟時間之限制、起訴前之前置程序規定等。而行政訴訟之被告適格，又以法律予以明定（草案第二十四條至第二十六條），則於固有必要共同訴訟之情形，要求共同訴訟人全體一同起訴或被訴，否則當事人不適格，則將影響人民提起行政訴訟之權利。為彌補此一缺失，又滿足必須合一確定之需求，草案規定行政法院應依職權命該第三人參加，使其取得訴訟當事人之地位，而受判決既判力之拘束（草案第四十七條、第二百十四條第一項）(註五三)，固無疑問。惟在類似必要共同訴訟之情形，訴訟標的對於共同訴訟人雖必須合一確定，但並不以共同訴訟人必須全體一同起訴或被訴為必要，則行政法院有無依職權命其參加訴訟之必要？即非無疑。就對於訴訟標的有必須合一確定之多數人，於一同起訴或被訴之情形，固為必要共同訴訟，如其中有一人或數人未一同起訴或被訴之情形，在固有必要共同訴訟，則因有一人或數人未參與訴訟，縱經判決確定，該判決僅有形式上之確定力，仍難免有再訴訟之虞，故有應依職權命其參加訴訟之必要，至在類似必要共同訴訟之情形，因不生上述問題，自無積極由行政法院依職權命其參加訴訟之必要(註五四)。故草案第四十一條之規定，解為限於固有

　　要求法院確定私權或其他民事審判權之一造及他造（參照拙著，第七十九頁）。對此德國行政法院法第六十三條稱之為訴訟關係人(Beteiligte)。草案將參加人規定為當事人之一種，用語是否妥適，值得商榷。

註五三　草案第四十七條規定：「判決對於行政法院依第四十一條及第四十二條規定，裁定命其參加或許其參加而未參加者，亦有效力」。此條規定對於依第四十一條裁定命其參加者，該第三人一經裁定即取得參加人之地位，不生未參加之問題，且依第二十三條規定，參加人即為當事人，依第二百十四條之規定，自為確定判決效力所及，殊無於第四十七條再為規定對於命其參加者亦有效力之必要。

必要共同訴訟之情形，吾人贊同之。至於何種情形屬於固有的必要共同訴訟，何種情形屬於類似必要共同訴訟？行政訴訟實務上尚無判例可尋，研修委員會對此亦無討論，有待將來學說及實務上運作之補充。吾人以為本條固有必要共同訴訟之情形，係指訴訟標的對於共同訴訟人之一造及第三人係必須合一確定，且訴訟之實施須有全體成員之參與始為合法者而言，申言之：①訴訟標的物係多數人所共有之情形，例如對徵收共有物之行政處分訴訟時，該共有物之共有人，對共同聲請同一標的不作為而提起作為之訴（草案第五條）時，該共同聲請人，因公法上原因發生之財產上給付請求權為多數人所共有而提起給付之訴（草案第八條），該共有人等。②訴訟標的與第三人之權利或法律上之利益，處於排斥關係之情形，例如商標異議事件（商標法第五十條）或商標評定事件（商標法第五十二條），其訴訟標的與異議人或商標專用權人之權利或法律上利益係處於排斥關係。亦應屬草案第四十一條之情形。

⑵應於本訴訟訴訟繫屬中命參加，蓋本訴訟如已終結，第三人即無參加訴訟之可能，但不以由高等行政法院命參加為必要，即在最高行政法院(註五五)亦得為之。

㈡參加人地位

⑴參加人地位之取得：對於訴訟標的與當事人之一造有合一確定關係之第三人，須經行政法院裁定命其參加訴訟，始取得參加人之地位。行政法院於為命參加之裁定前，應命當事人或第三人以書狀或言詞為陳述（草案第四十五條第二項），此項命以書狀或言詞為陳述，旨

註五四　至第三人因訴訟結果，權利或法律上利益受有損害時，應如何救濟係另一問題，可參照三、之說明。

註五五　司法院所提出之草案為地區行政法院與中央行政法院二級，而立法院一讀之草案，則稱為高等行政法院與最高行政法院二級（參照聯席會議通過要旨（十一）、立法院議案關係文書、院總第八二九號討第十九頁）。

在使行政法院為裁定時，有更多之資料可資參考，雖屬法院於訴訟中應遵守之程序，但其違反所為之裁定，並非無效。此項命參加之裁定，應記載訴訟程度及命參加理由，送達於訴訟當事人——原被告及參加人（草案第四十五條第一項）。對於命參加訴訟之裁定，不得聲明不服（同條第三項）。蓋訴訟參加對於法院蒐集訴訟資料甚有幫助，為免拖延訴訟，故規定不得聲明不服。必要共同訴訟之獨立參加，係由行政法院依職權命其參加，原被告或第三人並無聲請命參加之權，縱為聲請，如不合參加訴訟之要件時，除合於草案第四十一條規定，依該規定處理外，不必另為駁回之裁定。

(2)參加之效果

(a)命參加之裁定送達後，第三人即取得參加人之地位，至第三人於本訴訟中是否有因參加而為訴訟行為，於參加人之地位無影響。

(b)參加人於訴訟中，與被參加人之當事人間，處於準必要共同訴訟人之地位。草案第四十六條規定，第四十一條之參加人準用第三十九條之規定。故 ①共同訴訟人（包括參加人，下同）中一人之行為有利於共同訴訟人者，其效力及於全體；不利益者，對全體不生效力。②他造對於共同訴訟人中一人之行為，其效力及於全體。③共同訴訟人中之一人，生有訴訟當然停止或裁定停止之原因者，其當然停止或裁定停止之效力及於全體。從而，此之參加人對於當事人而言，係處於獨立之地位，得不顧當事人為攻擊或防禦方法。惟草案第四十一條，係以「訴訟標的對於第三人及當事人之一造必須合一確定」為參加要件，與德國法例不同，則參加人可否自為獨立之「應受判決事項」之聲明，不無疑問。參加人依草案第二十三條規定雖為訴訟當事人，但既須與一造當事人就訴訟標的必須合一確定，似以不得為獨立聲明較為可採。又當事人在第三人為訴訟參加前所為之行為，其有利於參加人者，固對第三人亦生效力，如其行為不利於參加人時，參加人仍得否定

之。至參加時，當事人因逾時提出而不得為之訴訟行為，為保護參加人之利益，亦應解為參加人得於適當時間內補提出。

(c)參加人為訴訟當事人，故本訴訟之判決對於參加人亦有效力（草案第二百十四條第一項）。即對於參加人亦生既判力，如為給付判決，而參加人亦為債務人時，亦得對之強制執行（草案第三百零五條）。

(d)行政法院應命第三人參加訴訟而疏未命其參加，遽為判決確定時，該判決僅有形式上之確定力，對應參加之第三人不生既判力。仍得對同一訴訟標的，再行起訴。

(e)參加人亦為訴訟當事人，不論參加人於本訴訟有無因參加而為訴訟行為，或其未參加為訴訟行為有無過失，確定判決如有再審事由時，得以參加人之名義對之提起再審之訴，但不得依草案第二百八十四條規定對確定終局判決聲請重新審理。

三、利害關係人之獨立參加（草案第四十二條）

㈠參加之要件

草案第四十一條規定，行政法院認為撤銷訴訟之結果，第三人之權利或法律上利益將受損害者，得依職權命其獨立參加訴訟，並得因該第三人之聲請，裁定允許其參加。可知：

(1)須第三人之權利或法律上利益，將因撤銷訴訟之結果受損害：此與後述輔助參加（草案第四十四條第二項）不同。後者係以就兩造間之訴訟有法律上利害關係之第三人，為輔助當事人之一造而參加，後者則須第三人之權利或法律上利益，因撤銷訴訟結果將受損害，而獨立參加該撤銷訴訟。故獨立參加訴訟之目的，不在輔助當事人之一造訴訟，而係在保護自己之權利或法律上利益免受損害，自得為自己有所聲明或主張，並得獨立提出攻擊或防禦方法而不受當事人訴訟行為之限制（草案第四十二條第三項）。

(2)所謂「因撤銷訴訟之結果，第三人之權利或法律上利益將受損害」，

係指因受撤銷判決之形成力，當事人以外之第三人，因該判決主文，
其權利或法律上利益直接受有損害者而言。此外依該判決之結果，
關係機關受該判決拘束（草案第二百十六條）結果，因該行政機關
基於該判決所為之行為而受侵害之第三人，亦屬此之第三人而得獨
立參加(註五六)。於訴訟標的對於訴訟當事人之一造及第三人必須合
一確定之情形，第三人之權利或法律上利益，有因撤銷訴訟之結果，
受損害之可能，固亦屬本條所定之情形(註五七)，惟如訴訟之實施須
由當事人之一造參加共同參與始為合法之情形，草案第四十一條既
另有規定，自無本條之適用。

(3)本條所謂第三人，並不以自然人為限，法人、非法人之團體、國家、
自治團體均包括在內(註五八)。至其他行政機關，因有第四十四條之
規定，應解為無本條之適用。又所謂法律上利益，不以公法上利益
為限，私法上利益亦包括在內。

(4)應於本訴訟訴訟繫屬中命參加，但不以由高等行政法院命參加為必
要，最高行政法院亦得命參加。

㈡參加之程式

(1)獨立參加得由行政法院依職權或該第三人之聲請為之。行政法院依
職權命第三人獨立參加，或依第三人之聲請而允許其參加，均應以
裁定為之（草案第四十二條第一項）。當事人無聲請命第三人獨立參
加之權(註五九)，第三人聲請獨立參加訴訟者，應向本訴訟繫屬之行

註五六　參照南博方編，第五七九頁。園部編，第三五八頁。杉本著，第七十九—
　　　　八十頁。

註五七　日本行政事件訴訟法並不分訴訟標的必須合一確定與其他權利或利益受
　　　　損害二種情形（參照該法第二十二條）。

註五八　參照杉本著，第八十頁。

註五九　此點與日本法例不同。依其行政事件訴訟法第二十二條第一項規定，當事
　　　　人有聲請權。

政法院提出參加書狀，表明左列各款事項（草案第四十三條）。

①本訴訟及當事人。

②參加人之權利或法律上利益，因撤銷訴訟之結果將受如何之損害。

③參加訴訟之陳述。

行政法院對於第三人獨立參加訴訟之聲請，如認其為不合於草案第四十二條之規定者，應以裁定駁回其聲請（草案第四十三條第二項），對於駁回之裁定，聲請人得為抗告（同條第三項）。惟在駁回參加之裁定未確定前，參加人得為訴訟。將來如果被駁回確定，其所為之訴訟行為除已為當事人所引用者外，應歸於無效；如認第三人之聲請合法而有理由時，應為允許參加之裁定。

(2)行政法院允許其參加，而以裁定命其參加訴訟以前，應命當事人或第三人以書狀或言詞為陳述（草案第四十五條第二項）。命參加之裁定，應記載訴訟程度及命參加理由，送達於訴訟當事人（同條第一項）。對於命參加訴訟之裁定，不得聲明不服。

(3)當事人對於第三人聲請參加訴訟，不得異議聲請行政法院駁回，此與輔助參加（草案第四十四條第二項）不同，無民事訴訟法第六十條之準用（比較草案第四十八條規定）。蓋獨立參加係為自己之權利或法律上之利益而參加之故。

(三)參加人之地位

(1)參加人地位之取得：獨立參加人係由行政法院依職權命其參加者，於命其參加時，第三人取得參加人之地位，不必另向行政法院為參加之陳明，縱其於收受命參加之裁定後，實際上並未參與該訴訟而為訴訟行為，仍不失其為參加人，而應受參加效果之拘束。其由參加人自行聲請參加者，參加人之地位，於行政法院允許其聲請，裁定命參加時，取得參加人之地位，其聲請雖不被准許而裁定駁回時，在駁回裁定前，仍得因有參加之聲請而得暫為訴訟行為（草案第四十三條第三項）。準此規定，參加人似於聲請參加時，即有參加人之

地位，但其地位於准許之裁定確定時，始確定之存在。故參加人於
行政法院允許其聲請而裁定命參加後，參加人毋庸再為參加之表示，
即已有參加人之地位，縱事實上參加人聲請准許後，並未參與本訴
訟之訴訟行為，仍不失其參加人之地位。參加人依草案第二十三條
規定為訴訟當事人，依草案第二百十四條第一項規定，判決對訴訟
當事人發生效力，自對為訴訟當事人之參加人亦生效力，初不問其
是否參與訴訟為訴訟行為。草案第四十七條規定，「判決對於經行政
法院依第四十一條及第四十二條規定，裁定命其參加或許其參加而
未參加者，亦有效力」（註六〇），謂其為 「本訴訟判決效力之擴
張」（註六一），實值商榷。

(2)參加之效果

(a)命參加（不論係依職權或依聲請而予允許）之裁定送達後，第三
　人即取得參加人之地位。至第三人於本訴訟中，是否因參加訴訟
　而為訴訟行為，於參加人之地位無影響。

(b)參加人於訴訟中，並非當然處於輔助一造當事人而為訴訟行為之
　地位，此與草案第四十四條第二項所定輔助參加不同。參加人可
　同時或交替對抗兩造當事人，以維護其自己本身之法律上權益。
　故參加人於訴訟中得不顧當事人之利益，提出獨立之攻擊或防禦
　方法（草案第四十二條第二項）。

(c)參加人生有訴訟當然停止或裁定停止之原因者，其當然或裁定停
　止之效力及於本訴訟之兩造（草案第四十二條第三項準用同法第
　三十九條第三款）。訴訟標的對於當事人之一造與第三人必須合一
　確定，而非草案第四十一條之情形者，第三人之參加訴訟，其訴

註六〇　本條之規定似係仿德國法例，參照彙編㈢第一〇五六頁以下第一一〇六
　　　　會議記錄。 惟德國法上參加人係訴訟關係人(Beteiligte)而非當事人
　　　　(Partei)。並請參照註五三。
註六一　參照該條文之標示。

訟標的與一造當事人既屬必須合一確定，於此情形，自宜類推適
用草案第四十六條之規定。

⒟參加人依草案第二十三條規定，亦為訴訟當事人，是參加人於本
訴訟是否參與訴訟而為訴訟行為,本訴訟之判決對之亦生效力(草
案第二百十四條第一項)。惟對於撤銷訴訟之結果，權利或法律上
之利益將受損害之第三人，若未經依職權或聲請，裁定命其參加
時，第三人因未取得參加人之地位，本訴訟判決對其雖不生既判
力，但依草案第二百十五條規定，撤銷或變更原處分或決定之判
決，對第三人亦有效力，仍應受撤銷（或變更）判決形成力之拘
束。此點與日本法上僅有形成力之情形不同。

⒠如上所述，撤銷（或變更）判決，對第三人亦有效力。故如第三
人未參與撤銷訴訟之訴訟程序，而其撤銷或變更原處分或決定之
判決，又對第三人發生效力，致其權利或法律上利益受有損害，
則顯有未經正當法律程序而使人民之權益受損害之情形，為補救
此一缺失，草案第二百八十四條第一項規定，因撤銷或變更原處
分或決定之判決，而權利受損害之第三人，如非可歸責於己之事
由，未參加訴訟(註六二)，致不能提出足以影響判決結果之攻擊或
防禦方法者，得對於確定終局判決聲請重新審理。第二項：前項
聲請，應於知悉確定判決之日起三十日不變期間內為之。但自判
決確定之日起已逾一年者，不得聲請。

註六二　此所定未參加訴訟之第三人有主張限於經依草案第四十一條或第四十二
　　　　條命其參加而未參加訴訟者，有謂尚包括應命參加而未裁定命參加者
　　　　（參照彙編㈤第三二二頁以下第二〇二次委員會議記錄）。吾人以為經裁
　　　　定命參加後，在訴訟上即為參加人，不生「未參加訴訟」問題，若條文之
　　　　真義係在指其於本訴訟中事實上未參與為訴訟行為，　則條文似應修正為
　　　　「未及為訴訟行為」。始能包括經裁定命參加訴訟及未經命參加訴訟之第
　　　　三人。

㈣準利害關係人之獨立參加

　　草案第四十二條第四項規定：訴願人已向高等行政法院提起撤銷訴訟，利害關係人就同一事件再行起訴者，視為第一項之參加。以免同一行政處分有二個以上之訴訟，致裁判發生兩歧。惟事件是否具有同一性，應分別就當事人、起訴之聲明、訴訟標的及其原因事實三要素是否具有同一性以為判斷(註六三)。本條所謂同一事件當指訴訟標的同一之情形而言。

四、利害關係人之輔助參加

㈠參加之要件

(1)須於他人訴訟繫屬中，為輔助當事人之一造而參加訴訟。草案第四十四條第二項雖僅規定：「有利害關係之第三人，亦得聲請參加」，但由第一項及草案第四十八條準用民事訴訟法第六十一條規定觀之，第三人依本條規定之參加，應為輔助參加之性質(註六四)。

(2)須參加人就兩造之訴訟，有法律上之利害關係。草案條文於「利害關係」上未冠有「法律上」之要件，惟如第三人僅有事實上、經濟上或文化上之利害關係，而無法律上利害關係，即准其參加訴訟，則由於得參加訴訟之第三人範圍過廣，反有害於訴訟之進行，再參照該條草案之修正說明，應解為此之利害關係，應以法律上之利害關係為限(註六五)。且依此之輔助參加，僅須有法律上利害關係即可，不以其權利或法律上利益將因判決之結果受有損害為必要。此為與關係人之獨立參加不同之所在。

(3)所謂法律上利害關係，係指第三人法律上之地位，因當事人一造之敗訴，依該判決之內容，包括法院就訴訟標的之判斷及判決理由中，對某事實或法律關係存否之判斷，將直接或間接受不利益，若該當

註六三　參照草案第一百零五條第一項關於訴之要素之規定。

註六四　參照彙編㈢第一○七次會議記錄。

註六五　立法院於二讀會宜予修正。

事人勝訴，則可免受不利益而言。且此所謂法律上利害關係，不以公法上利害關係為限，即私法上之利害關係，亦包括在內。

(二)參加之程式

(1)第三人為輔助參加時，依草案第四十八條準用民事訴訟法第五十九條規定，應提出參加書狀於本訴訟繫屬之法院。參加書狀應表明下列各款事項：①本訴訟及當事人，②參加人於本訴訟之利害關係，③參加訴訟之陳述。法院並應將參加書狀（繕本），送達於兩造。

(2)當事人對於第三人之輔助參加，得聲請行政法院駁回。但對於參加未提出異議而已為言詞辯論者，不在此限（草案第四十八條、民事訴訟法第六十條第一項）。可知輔助參加人地位之取得與前述共同訴訟之獨立參加或利害關係人之獨立參加不同，不以有行政法院之裁定為必要。但當事人對於第三人之參加，在為言詞辯論以前，得向行政法院提出異議，聲請駁回其參加。若當事人不為異議，或已為言詞辯論，第三人即確定的取得輔助參加人之地位。行政法院不得依職權調查第三人就本訴訟有無法律上利害關係而為裁判，亦不必另以裁定允許第三人之輔助參加。行政法院就當事人異議所為裁定，受不利益裁定之人，得對該裁定為抗告（草案第四十八條、民事訴訟法第六十條第二項）。

(三)參加人之地位

(1)輔助參加人為訴訟參加之聲請，即取得輔助參加人之地位，得按參加時之訴訟程度，輔助當事人為一切訴訟行為（草案第四十八條、民事訴訟法第六十一條）。故輔助參加人得為當事人提出攻擊或防禦方法、提起上訴或抗告、聲請回復原狀（草案第九十一條）等訴訟行為。

(2)輔助參加人僅在輔助當事人為訴訟行為，故參加時依訴訟之進行，當事人已不能為之訴訟行為，輔助參加人亦不得為之。例如當事人逾時始提出之攻擊防禦方法（草案第一百三十二條、民事訴訟法第

一百九十六條第二項)，輔助參加人亦不得提出之。

(3)輔助參加人所為之訴訟行為與該當事人之行為牴觸者,不生效力(草案第四十八條、民事訴訟法第六十一條但書)。換言之，輔助參加人所為之訴訟行為，不得逸出輔助當事人之目的以外。惟此所謂與當事人之行為牴觸者，係指當事人之積極行為而言，若當事人僅為不行為，例如當事人未於上訴期間為提起上訴，而輔助參加人提起上訴，若當事人未為反對之表示或捨棄上訴權，則尚不生兩行為牴觸問題。

(4)輔助參加人對於其所輔助之當事人，不得主張本訴訟之裁判不當(註六六) (草案第四十八條、民事訴訟法第六十三條)。此即所謂參加效(Wirkung der Nebenintervention)。輔助參加人並非行政訴訟當事人 (參照草案第二十三條)，此點與現行法不同，故非本訴訟判決實質上確定力（既判力）所及，僅有於日後他訴訟中，不得對被輔助之當事人主張本訴訟之判決不當而已。惟撤銷或變更原處分或決定之判決，對第三人亦有效力 (草案第二百十五條)，故於撤銷訴訟，如原告勝訴時，該訴訟之輔助參加人，亦受本訴訟判決形成力之拘束，自不待言。

(5)輔助參加人為訴訟行為，受有相當之限制，故參加效於下列情形，亦受限制 (草案第四十八條、民事訴訟法第六十三條但書):

　(a)因參加時之訴訟程度或因當事人之行為,不能用攻擊或防禦方法。

　(b)當事人因故意或重大過失不用參加人所不知之攻擊或防禦方法。

㈣**輔助參加人之承擔訴訟**

(1)草案第四十八條準用民事訴訟法第六十四條第一項規定:「參加人經兩造同意時，得代其所輔助之當事人承當訴訟」。參加人承當訴訟者，其所輔助之當事人脫離訴訟 (草案第四十八條、民事訴訟法第六十

註六六　民事訴訟法修正草案增設第六十三條第二項，規定「參加人所輔助之當事人對於參加人，準用前項之規定」。擴大參加效之範圍。

四條第二項），故訴訟之承當有使參加人取代原所輔助之當事人之地位，而自任當事人之效果。行政訴訟係在解決公法之爭議，輔助參加人所輔助之當事人若為原告並取得本訴訟之訴訟實施權（註六七），承當訴訟後，其當事人適格亦無問題，似可贊同其承當，若其所輔助之當事人為被告機關，則由輔助參加人承當而為被告時，即生被告當事人不適格問題，應認在行政訴訟其性質上不得承當，而無準用之餘地。

(2)參加人承當訴訟後，其所輔助之當事人雖脫離訴訟，但本案之判決，對於脫離訴訟之當事人仍有效力（草案第四十八條、民事訴訟法第六十四條第二項）。

㈤告知參加（草案第四十八條、民事訴訟法第六十五條）

(1)告知參加者，乃當事人之一造，於訴訟繫屬中，將其訴訟經由法定方式，告知於因自己敗訴而有法律上利害關係之第三人，使其參加訴訟之謂。例如甲乙約定，甲所生產之專利品，由乙總經銷後，丙向中央標準局舉發甲之專利係仿冒其已取得之專利權，請求撤銷甲之專利權，於此撤銷專利權行政訴訟中，因甲之敗訴將導致乙之總經銷權受到損害，對乙有法律上利害關係，故甲可聲請行政法院告知乙參加訴訟。

(2)當事人告知訴訟，應具告知書狀提出於行政法院，由行政法院送達於第三人及他造。告知書狀應表明：①告知之事由，即第三人於該當事人敗訴時，有利害關係之事實。②訴訟現在之程度，即本訴訟現在已進行至如何之程度（草案第四十八條、民事訴訟法第六十六條）。

註六七　在民事訴訟上參加人之承當訴訟，是否僅承當當事人地位，抑尚及訴訟實施權有爭議（參照拙著，第一四六頁註三四），草案對於訴訟參加已類型化，對於獨立參加之參加人已賦予當事人之地位，在輔助參加有無準用民事訴訟法第六十四條承當訴訟制度之必要？值得商榷。

⑶訴訟告知後，於本訴訟並無任何影響，故訴訟之進行原則上亦不停止。但行政法院如認受告知人能參加訴訟者，為保護告知人及受告知人之利益，得在受告知人參加前，以裁定停止訴訟程序（草案第一百八十六條、民事訴訟法第一百八十五條）。

⑷第三人受告知後，並無參加訴訟之義務。如其欲參加訴訟時，仍應按前述輔助參加之程式辦理。但行告知之當事人不得對其訴訟參加再為異議。

⑸第三人受告知而不參加或逾時參加訴訟者，視為於得參加時，已參加訴訟，並準用參加效之規定（草案第四十八條、民事訴訟法第六十七條）。

⑹受告知訴訟之第三人，不問自己是否參加訴訟，得於訴訟繫屬中，將訴訟進行告知於因其所輔助當事人敗訴而有法律上利害關係之他人（草案第四十八條、民事訴訟法第六十五條第二項）。例如前例，乙與丁就甲之專利品訂立分銷契約之情形，乙可更向丁為訴訟告知。此時遞受告知人與進行告知人間，亦生參加效(註六八)。

五、行政機關之訴訟參加

㈠參加之要件

草案第四十四條第一項規定，行政法院認其他行政機關有輔助一造之必要者，得命其參加訴訟。可知：

⑴行政訴訟之被告當事人適格，草案第二十四條至第二十六條定有明文。在撤銷訴訟中，須以經訴願為其前置程序，並就訴願決定為爭執，是行政訴訟之被告當事人往往非原行政處分之行政機關，此觀草案第二十四條規定至明。此時，原處分或決定機關若不能參與訴訟，行政法院自難充分取得行政訴訟上所需之訴訟資料，為適當正確之裁判。又如依工程受益費徵收之工程受益費，係由主辦工程機關公告，但因由稅捐稽徵機關徵收。故於徵收工程受益費之行政訴

註六八　參照拙著，第一五〇頁。

訟中，被告機關為稅捐稽徵機關，但關於工程受益費徵收前之程序係由主辦工程機關辦理，如不由主辦工程機關參與訴訟，行政法院即不易為迅速公正之裁判。可知令其他機關之參加，與第三人之參加訴訟其立法目的不盡相同。不以訴訟之結果，有利害關係為必要(註六九)。

⑵參加人須為其他行政機關，換言之，參加人須為當事人（行政機關）以外之其他行政機關，且曾參與原處分或決定，行政法院於判斷處分或決定之性質及適法性時，能提供有效適切之知識、經驗、資料等之行政機關(註七〇)。換言之，其他機關對於訟爭處分或決定之作成，有分屬之權利，或曾參與訟爭處分或決定之成立之情形(註七一)。

⑶須行政法院認其他機關之參加有其必要性，有無必要性，應以其他機關對行政法院能否提供有效適切之知識、經驗或資料，而有助於適當公正裁判之形成，由行政法院就具體個案決定之(註七二)。

⑷須係輔助一造而參加，此點係草案與日本行政事件訴訟法第二十三條第一項規定不同之處。草案既規定為「有輔助一造之必要」，則參加人應為有利於所輔助當事人之行為始可，則就訴願機關為不利於原處分之行政訴訟，例如商標評定事件，甲商標專用權人以乙之註冊商標有商標法第三十七條第一項第十二款近似甲註冊商標之情形，申請評定，經中央標準局評定乙商標之註冊無效，乙訴願結果，訴願決定撤銷原處分，甲不服提起再訴願、行政訴訟。於此情形，原處分機關似難輔助訴願決定機關（被告機關）參加訴訟，然就行政法院之審判言，原處分機關實較能提供有效適切之知識、經驗與訴訟資料，是草案之規定，不甚妥適，不言可喻，有待改正。

註六九　參照園部編，第三三二頁。室井編，第二七八頁。

註七〇　參照南博方編，第三三二—三三三頁。杉本著，第八十一—八十二頁。

註七一　參照註四三。

註七二　參照園部編，第三三三頁。南博方編，第五八八—五八九頁。

(5)條文所定「輔助一造之必要」，茲所謂一造，是否為任意一造之謂？
　　不無疑問。按行政訴訟之被告係行政機關或受託行使公權力之團體
　　或個人（草案第二十四條至第二十六條），若其他行政機關所輔助之
　　一造為原告，則形成其他行政機關（參加人）與行政機關（或受託
　　行使公權力之團體或個人）間，行政意思之分裂，例如上述商標評
　　定之例，中央標準局如參加甲而與訴願機關（被告機關）為訴訟之
　　情形，必然造成行政意思之分裂，顯於草案規定命其他機關參加訴
　　訟之立法意旨不合。故性質上其他機關之參加訴訟，應限於參加被
　　告機關之一方(註七三)。

(二)參加人之地位

(1)參加人地位之取得：其他機關於行政法院依職權裁定命其參加時，
　　取得參加人地位。行政法院於裁定命其參加前，應命當事人及該其
　　他行政機關以言詞或書面為陳述（草案第四十五條第二項），當事人
　　對於行政法院職權命其他機關參加訴訟，不得聲明不服（同條第三
　　項），故不能依草案第四十八條準用民事訴訟法第六十條規定提出異
　　議。至其他行政機關聲請參加訴訟者，因草案第四十八條準用民事
　　訴訟法第六十條之結果，如果兩造當事人未對之提起異議，參加人
　　於聲請參加時，即取得參加人之地位，行政法院似無庸為命參加之
　　裁定。草案第四十五條之規定，於此情形無適用餘地。至其聲請參
　　加之程式，與第三人之輔助參加同。

(2)參加之效果

　　(a)依草案第四十八條規定，民事訴訟法第五十九條至第六十一條、
　　　　第六十三條至第六十七條之規定,於第四十四條之參加訴訟準用。
　　　　故前述第三人輔助參加效果之討論，於此情形亦同，不另討論。

　　(b)其他行政機關之參加訴訟，係屬輔助參加之性質，並未取得訴訟
　　　　當事人之地位,故本訴訟之裁判對於其他行政機關尚不生既判力，

註七三　參照註四五。

為依草案第二百十六條第一項規定，撤銷或變更原處分或決定之判決，就其事件有拘束各關係機關之效力，從而如其他機關係該事件之關係機關時，仍受判決形成力之拘束，自不待言。

〔肆〕結　語

擴大裁判解決紛爭之功能，使與紛爭有利害關係之人參與訴訟，係現代訴訟法學追求之目標(註七四)。草案將訴訟參加制度詳加規定，合乎上述目標，值得肯定。基於以上之討論，草案仍有以下若干瑕疵，如能於立法院二讀時加以修正，將更完美。

(1)草案第二十三條將獨立參加人列為當事人，但此之當事人似與一般訴訟法上所稱當事人之意義不同。草案第一百十四條所用之當事人，如包括草案第二十三條所定獨立參加人，則草案第四十七條所謂「本訴訟判決效力之擴張」規定即無意義。德國行政法院法第六十三條將兩造當事人與必要參加人合稱為訴訟關係人(Beteiligte)而不稱為當事人(Partei)，有其特別用意，值得參考。

(2)草案第四十一條規定必要共同訴訟之獨立參加，對於「訴訟標的對於第三人及當事人一造必須合一確定」之情形，是否限於訴訟須由第三人及當事人一造共同為之，訴訟實施權始為完整之情形，規定不明，若無上述限制，規定行政法院應依職權裁定命第三人參加，因為範圍過廣或調查不易，將使訴訟延滯，同時行政法院若漏未命其參加時，判決效力如何？是否有實質上確定力，將生問題。

(3)草案第四十二條規定利害關係人之獨立參加，是否應再分訴訟標的對於第三人與當事人之一造有必須合一確定之情形（類似必要共同訴訟情形）及與此情形以外之其他情形，前者應準用第三十九條各

註七四　參照拙著，〈第三人訴訟參與之研討〉，《程序法之研究㈡》，第四十五頁以下。

款規定，後者始僅準用同條第三款規定？又訴願人所提撤銷訴訟已
上訴於最高行政法院時，有無第四十二條第四款之適用抑須類推適
用？亦有疑問，宜明文加以規定，以杜紛爭。

(4)草案第四十四條第一項之命其他行政機關參加訴訟，是否須以輔助
一造之必要為要件？如此是否會削減其他行政機關參加訴訟之機能？

其他如草案第四十七條之規定是否有必要，抑須修正草案中，關於
「訴訟當事人」一詞之用語？草案第四十八條準用民事訴訟法之規定是
否妥適，均尚有商榷之餘地。

行政訴訟法上之重新審理

要　目

（本文原載於《法令月刊》，第五十卷第十二期）

行政訴訟法上之重新審理

〔壹〕前　言

　　法院之判決其能發生既判力而拘束當事人，在訴訟法之理論上固有不同學說，惟晚近學者，則以當事人程序權之保障為出發點，論述其依據(註一)。裁判之效力，若欲擴及第三人，又不使第三人有於訴訟上辯論之機會，於第三人程序權之保障即有欠缺，難謂與憲法保障人民之訴訟權無違。對此，民事訴訟法修正草案初稿仿法國法例，採「第三人撤銷之訴」之制度(註二)。在本法修訂時，司法院單擬修正初稿係採日本行政事件訴訟法第三十四條所定「再審之訴」制度，但以再審之訴係原判決之當事人始得提起，權利受損害之第三人既未曾參加「前審」，即無「再審」可言，遂改稱為「重新審理」(註三)。茲將其規定分析討論如下：

〔貳〕重新審理之意義

　　判決之效力原則上僅及於訴訟當事人（第二百十四條第一項前段）。但依第二百十五條規定：撤銷或變更原處分或決定之判決，對於第三人亦有效力。雖依同法第四十一條規定：訴訟標的對於第三人及當事人一

註一　參照拙著，《民事訴訟法（下）》，第六十三頁。

註二　規定於第五百零七條之一至之五，參照八十三年六月司法院印，《民事訴訟法修正草案初稿補訂條文暨說明》。

註三　參照司法院，《行政訴訟法研究修正資料彙編(五)》，第四三四頁以下。

造必須合一確定者，行政法院應以裁定命該第三人參加訴訟。第四十二條第一項復規定：行政法院認為撤銷訴訟之結果，第三人之權利或法律上之利益將受損害者，得依職權命其獨立參加訴訟，並得因該第三人之聲請，裁定允許其參加。理論上，因撤銷或變更原處分或決定之判決，對於第三人之權利將發生之損害者，行政法院即應依職權裁定命其參加訴訟，或由該第三人聲請參加訴訟，若經參加訴訟，即取得當事人之地位（第二十三條）。自應為判決之效力所及。惟若行政法院漏未依職權命其參加訴訟，而該第三人又非因可歸責於己之事由，未能參加訴訟，但依第二百十五條規定，確定判決又對其發生效力，顯然該第三人未能受程序權之保障。本法制定時，創用「重新審理」制度。於第二百八十四條第一項規定：「因撤銷或變更原處分或決定之判決，而權利受損害之第三人，如非可歸責於己之事由，未參加訴訟，致不能提出足以影響判決結果之攻擊或防禦方法者，得對於確定判決聲請重新審理」。可知，重新審理與再審不同。

(1)重新審理係由因撤銷或變更原處分或決定之判決，權利受損害之第三人聲請；而再審則係由受不利確定判決之當事人，以再審之訴提起之。

(2)重新審理，依第二百八十四條第一項規定，以撤銷訴訟之撤銷判決為限；而再審之訴之提起，則不以撤銷判決為限。

(3)聲請重新審理，係以第三人非可歸責於己之事由，未參加訴訟，致不能提出足以影響判決結果之攻擊或防禦方法為其事由；而提起再審之訴，則須具有第二百七十三條及第二百七十四條之事由始得提起之。

(4)聲請重新審理經認為合法而有理由時，行政法院應以裁定命為重新審理（第二百八十八條），該裁定確定後，應即回復原訴訟程序，聲請處於回復原訴訟程序後，當然參加訴訟（第二百九十條）；而於提起再審之訴，除再審之訴為不合法應以裁定駁回其訴外（第二百七

十八條第一項），即依再審之訴訟程序裁判，並準用各該審級訴訟程序之規定（第二百八十一條）。

(5)重新審理之聲請人，於行政法院裁定命為重新審理後，在回復原訴訟程序時，變更其訴訟上之地位為參加人，而非當事人；而在提起再審之訴，則不生提起再審之訴之原告（即聲請再審之第三人）地位變更問題。

(6)聲請重新審理依第二百八十四條第一項規定，係以不能提出足以影響判決結果之攻擊或防禦方法為前提，而最高行政法院，除別有規定外，應以高等行政法院判決確定之事實為判決基礎（第二百五十四條第一項），故對於最高行政法院之判決，除有第二百五十四條第二項、第三項情形，不生聲請重新審理問題，而再審之訴，則得對高等行政法院及最高行政法院之確定判決為之。

〔參〕 重新審理之聲請

一、聲請權人

　　得聲請重新審理之人為因撤銷或變更原處分或決定之判決，權利受有損害之第三人。例如於專利異議事件，行政法院將原認異議無理由駁回異議之處分判決撤銷確定時，該原專利權人如未參加該專利異議之行政訴訟，即得聲請重新審理是。故如非因撤銷或變更原處分或決定之判決，而權利受有損害之第三人，仍不得聲請重新審理。

二、聲請重新審理之事由

　　須權利受損害之第三人，未參加訴訟，致未能提出足以影響判決結果之攻擊或防禦方法者。如前所述依第四十一條及第四十二條第一項規定，行政法院須依職權命因撤銷判決之結果，權利將受損害之第三人參加訴訟；第三人亦得聲請參加訴訟，故如行政法院已依法命該第三人參加訴訟，或第三人已知（或受告知）有該訴訟，該第三人已有得參加訴

訟，主張權利之機會，其程序權已獲有保障之可能，竟無正當理由未參加訴訟，即屬可歸責於己之事由，未參加訴訟(註四)，自不得再許其聲請重新審判。且允許第三人聲請審判，目的在於保護第三人，故如其不能提出足以影響原判決結果之攻擊或防禦方法，則縱為重新審理亦無意義，故規定須未參加訴訟，致不能提出足以影響判決結果之攻擊或防禦方法者，始得聲請重新審理。須說明者：此項攻擊或防禦方法，須當事人於訴訟中未曾提出，若當事人曾提出而為法院所不採，即已不足以影響原判決之結果，自不得再據以聲請重新審理。又依第四十二條第二項規定，參加人並得提出獨立之攻擊或防禦方法。故聲請重新審判之第三人所主張足以影響判決結果之攻擊或防禦方法，應不受當事人於訴訟中所提出攻擊或防禦方法之拘束。

三、聲請重新審理之期間

權利受損害之第三人聲請重新審理，應於知悉確定判決之日起三十日之不變期間內為之 (第二百八十四條第二項前段)。第三人對於何時始知悉有不利益之確定判決，自應負舉證之責。為使公法關係早日確定，同條項但書規定，自判決確定之日起已逾一年者，不得聲請(註五)。

四、聲請重新審理之程式

聲請重新審理，應以聲請狀表明下列各款事項，提出於行政法院為之。

(一)聲請人及原訴訟之兩造當事人

(二)聲請重新審理之事件及聲請重新審理之陳述

註四　吳庚著，《行政爭訟法論》初版 (下簡稱吳庚著)，第二五八頁。

註五　本法雖於八十七年十月二十八日公布，使第三人有重新審判之聲請權，但本法之施行日據悉司法院係預定為八十九年七月一日 (見《司法週刊》，第九二四期)，距施行日長達一年八個月，果爾，則在本法公布後，第三人欲聲請重新審理者，因本法之不公布施行而其權利有被剝奪之虞，極待本法施行法為補充規定，予以救濟。

所謂聲請重新審理之事件，即為聲請人所指不利判決之該事件，通常載明行政法院該事件之案號即可。所謂聲請重新審理之陳述，即表明對於確定判決聲請重新審理之意旨。其陳述縱未使用「重新審理」之文字而用「再審」、「上訴」或「抗告」等文字，若依其陳述意旨已足以探求其係有聲請重新審理之意思，即應認為有此項之陳述。

(三)就本案應為如何判決之聲明

所謂就本案應為如何判決之聲明，似係指請求行政法院就本案應為如何之判決之聲明。惟聲請重新審理，依本法第六編之規定，僅止於聲請行政法院就本案重開審理之程序而已，行政法院如認其聲請為有理由時，係裁定命為重新審理（第二百八十八條第一項前段），回復原訴訟程序。聲請人於回復原訴訟程序後，當然參加訴訟（第二百九十條第二項），並非取得原被告地位，且在重新審理之裁定程序中，行政法院並未就本案訴訟為實體之裁判，則為何定其於聲請狀上為「本案應為如何裁判之聲明」之記載，殊屬費解。若謂「本案應為如何裁判之聲明」，係在請求廢棄或變更原確定判決（之一部或全部），並於命重新審理之裁定中，予以裁判，則僅以裁定程序，能否即可推翻確定判決？是否合於程序正當之原則，更有疑問。本款規定有無必要，尤其規定為「聲明」事項是否正當，實值檢討(註六)。

(四)聲請理由及關於聲請理由並遵守不變期間之證據

聲請理由係指聲請人如何因不可歸責於己之事由，未參加訴，致不能提出如何足以影響原確定判決結果之攻擊或防禦方法。此項記載為聲請重新審理必要之程序，如有欠缺，聲請人得於知悉確定判決之日起之十日不變期間內補正之。逾此期間即不能補正，否則即與第二百八十四條第二項規定有違。至關於聲請理由及遵守不變期間（即第二百八十四條之期間）之證據，則非聲請重新審理之程式，而屬附於聲請書之附件，

註六　立法原意是否在於確定「重新審理」之範圍？果爾，則條文似應規定為「對於原確定判決不服之程度」，而非對於「本案應如何裁判之聲明」。

如未提出，不生程式不合補正問題。

　　又依第二百八十六條第二項規定，聲請狀內，宜記載準備本案言詞辯論之事項。聲請重新審理之裁定程序，並未涉及本案訴訟之實體部分，則聲請狀規定其宜記載本案言詞辯論之事項，有無必要，與同條第一項第三款之規定同亦屬令人費解。此或仿第二百七十七條關於再審訴狀之規定。惟於再審之訴，如其主張再審之事由為有理由時，行政法院即應再開或續行前訴訟程序，再審前訴訟程序之兩造與再審程序之兩造相同，為再審訴訟程序進行之順利，規定其宜記載準備本案言詞辯論之事項，有其意義與必要。但在重新審理之情形，行政法院命為重新審理時，並非原訴訟程序之續行或再開，且聲請人係居於訴訟參加人之地位，其於取得參加人之地位時，依第四十二條第二項規定，雖得提出獨立之攻擊或防禦方法，究係在行政法院裁定命重新審理後，始取得之地位，是否有必要規定為宜記載事項，亦非不可檢討。

五、重新審理之管轄法院

　　依第二百八十五條規定，重新審理之聲請，準用第二百七十五條第一項、第二項管轄之規定。申言之，聲請重新審理之事件，專屬於為判決之原行政法院管轄，對於審級不同行政法院就同一事件所為判決聲請重新審判者，由最高行政法院合併管轄。此須討論者為對於審級不同行政法院就同一事件所為判決，聲請重新審判之情形。按除法律別有規定外，最高行政法院應以高等行政法院判決確定之事實為判決基礎（第二百五十四條第一項）。換言之，最高行政法院為法律審，原則上不涉及事實之認定，故當事人在最高行政法院不得提出新攻擊或防禦方法，縱有提出，除有同條第三項之情形，亦不得斟酌之。故若第三人主張有足以影響原判決結果之攻擊或防禦方法，最高行政法院除認有第二百五十三條第一項第三款情形，而行言詞辯論時，始得就辯論所得闡明或補充訴訟關係之資料加以斟酌，從而第三人以來參加訴，致不致提出足以影響判決結果之攻擊或防禦方法，對最高行政法院判決，聲請重新審判，因

在最高行政法院行言詞辯論前，幾不可能，其有否對高等行政法院及最高行政法院以同一事由，同時對於其判決聲請重新審判之情形，即第二百七十五條第二項之規定，於聲請重新審判是否有其準用，非無疑問。

六、重新審理之撤回

重新審理制度係對於因撤銷或變更原處分或決定之判決權利受損害之第三人之救濟程序，第三人於聲請重新審理後，在行政法院裁定准否重新審理確定前，自得准其撤回重新審理之准許（第二百八十九條第一項）。在駁回重新審理之裁定確定後，固已無從撤回其聲請，即在命為重新審理之裁定確定，已進入重新審理之程序，於此程序中，原聲請人已轉變為參加人，自亦不得再撤回重新審理之聲請。聲請人撤回重新審理之聲請，得任以書狀或言詞，向受理聲請之行政法院為之（第二百八十九條第三項）。經聲請撤回者，喪失其聲請權（同條第二項）。故縱聲請重新審理之不變期間未屆至，或另有新事由，亦不得再為聲請。

〔肆〕 重新審理之裁判

重新審理分成二個階段，第一階段係關於重新審理聲請裁定准否之審理，如經行政法院認其聲請為有理由，而裁定命重新審理時，始進行第二階段，即就本案為審理。分述之。

一、關於聲請准否之裁判

行政法院對於重新審理之聲請，首應審查其聲請是否合法，例如聲請人是否為因撤銷或變更原處分或決定之判決而權利受損害之第三人，是否曾參加訴訟，聲請時，有無遵守不變期間是否對確定之終局判決為聲請等，如聲請人並未主張因確定終局判決受有損害或對非因撤銷或變更原處分或決定之判決為聲請，或已曾參加訴訟，或已逾聲請之不變期間，或判決尚未確定，其聲請即非合法。又如聲請不合程式而可補正者，審判長應限期命其補正（第五十九條，民事訴訟法第一百二十一條），逾

期不補正或不能補正者，即為不合法。重新審理之聲請不合法者，行政法院應以裁定駁回之（第二百八十七條）。

　　重新審理之聲請如為合法，行政法院應就其聲請是否有理由之審理。換言之，行政法院應審查其是否果為原判決受有損害之第三人。其未參加訴訟，是否果有不可歸責於己之事由。有無提出足以影響判決結果之攻擊或防禦方法(註七)。審理結果，行政法院認其聲請為有理由者，應以裁定命為重新審理。如認其為無理由者，應以裁定駁回之（第二百八十八條）。

二、重新審理後，本案之審理及裁判

　　行政法院認重新審理之聲請為有理由者，以裁定命為重新審理後，本案回復原訴訟程序。換言之，本案進入開始或續行原訴訟。此時，原判決之兩造，回復其在原訴訟之訴訟上地位，與聲請人所參加之一造當事人原來在訴訟上地位無關。例如在商標評定事件，主張審定商標與其註冊之商標近似之人，對於行政法院撤銷原評定註冊商標可無效之確定判決，聲請重新審理之情形，該本案訴訟之原告為被評定註冊無效商標之人，但重新審理之聲請人，則係主張需定商標與其註冊商標近似，聲請評定註冊商標為無效之人。其重新審理時之本案原告仍為原被評定註冊無效處分之人，而非原處分或決定機關是。又聲請人於回復原訴訟程序後，當然參加訴訟（第二百九十條第二項），在上例情形，即為被告機關之參加人。至原確定判決之執行力，並不因聲請重新審理而停止，但行政法院認為有必要時，得命停止執行（第二百九十一條）。

　　行政法院因重新審理而回復原訴訟程序後，如由原為判決之(狹義)法院審理時，即續行原訴訟程序，否則即更新而開始訴訟程序。其程序

註七　　行政法院於准否為重新審理之審查時，就「足以影響判決結果之攻擊或防禦方法」要件，僅須審查其有無提出為已足。致其提出之攻擊或防禦方法是否果足影響原判決之結果，則為本案審理問題，而非聲請「有無理由」問題。

與重新審理前之程序同。若係由高等行政法院重新審理時，除聲請人於聲請時主張之攻擊或防禦方法外，兩造及聲請人均得於本案言詞辯論時，提出新攻擊或防禦方法。並就辯論之結果而為判決，如係由最高法院審理時(註八)，則應受第二百五十四條規定之限制。行政法院就重新審理之結果，應分別情形為判決：

(1)如聲請人提出之攻擊或防禦方法，經辯論之結果，認不足影響原判決之結果，應如何裁判決，本法漏未規定。或謂此時應認聲請為無理由，應以裁定駁回者。惟依前說明，在重新審理之聲請審理過程中，行政法院似不必就聲請人提出主張足以影響原判決結果之攻擊或防禦方法，作實體審查，否則無法以裁定命為重新審理，回復原訴訟程序，進入實體審查。但若經實體審查後，認其主張為無理由，又裁定駁回重新審理之聲請，亦不合理(註九)。此一疏漏，自宜速修正本法以明文加以補定。修正前，似應以判決，諭知維持原確定判決，並命參加人（即重新審理之聲請人）負擔訴訟費用（第九十九條第一項）為宜(註一〇)。

(2)依聲請人主張之攻擊或防禦方法，雖足影響原判決之結果，但因重新審理，兩造當事人提出新攻擊或防禦方法而為辯論之結果，依原判決所持以外之其他理由，其判決仍屬正當時，仍應諭知維持原確定判決。

註八　是否有此情形，不無疑問（見〔貳〕五之說明）。

註九　在再審之情形，係認再審為無理由，以判決駁回再審之訴，惟在再審之訴，提起再審之者，即為再審原告，且有一個獨立之再審之訴存在，與重新審理之聲請不同，且無獨立之訴訟存在，亦不能判決駁回聲請人之訴。

註一〇　吳庚著，第二五九—二六〇頁，於此情形認應以判決駁回重新審理之訴。惟依第二百八十四條第一項規定，第三人並非提起「重新審理之訴」，聲請人亦非重新審理之本案訴訟兩造當事人（第二百九十條第二項），行政法院似無法以判決駁回原告重新審理之訴，故此見解，為吾人所不採。

(3)重新審理之結果，原確定判決無可維持時，應判決諭知「原確定判決廢棄，並就實體法律關係為新判決之諭知，同時為總訴訟費用之裁判」。例如：「本院○年○字第○○號確定判決廢棄。原告之訴駁回。訴訟費用由被告負擔。」是。

〔伍〕 重新審理判決之效力

　　重新審理係由高等行政法院管轄者，其審理結果之裁判，可能有二種，其一係維持原確定判決，於此情形，對原確定判決不生任何影響。但若因重新審理結果，廢棄原判決，而為新判決時，自應依新判決之效果，惟為保護第三人因信賴原確定判決，以善意取得之利權，第二百九十二條規定，準用第二百八十二條之規定，第三人因信賴原確定終局判決以善意取得之權利無影響。但顯於公益有重大妨礙者，基於公益優先私益保護之原則，則不在此限。

　　至重新審理係由最高行政法院管轄者，其審理之結果，可能有三種。其一係維持原判決，此應包括辯論之結果，聲請重新審理之一造無理由，或雖有理由，但原高等行政法院判決之結果依他理由仍可維持之情形，應以判決維持原判決（即最高行政法院原來的判決主文）。其二係認聲請重新審理之一造為有理由，而可自行裁判之情形（第二百五十九條），此時應判決諭知廢棄原判決及高等行政法院之判決，並另為新判決。其三係認聲請重新審理之一造為有理由，但不能自行判決之情形，則應判決諭知原判決及高等行政法院之判決均廢棄，發回原高等行政法院，使其更為審理。

〔陸〕 結　語

　　基上討論及參看《司法院行政訴訟法研究修正資料彙編(五)》關於「重

新審理」之討論，可知重新審理制度之設計，可能因時間關係未能為周詳之檢討，致生諸多疑問，惟對於第三人權益之保護已有好的開始，期待將來在實務之運作上或法律之修正時，使其能更為完善。

大雅叢刊書目

法學叢書書目

生活法律漫談

| 主任與職員的法律責任 | 沈 | 銀 | 和 | 著 |
| 校長的法律責任 | 沈 | 銀 | 和 | 著 |

圖書資訊學叢書書目

美國國會圖書館與主題編目（增訂二版）	陳麥麟屏	著
	林 國 強	著
圖書資訊組織原理	何 光 國	著
圖書資訊學導論	周 寧 森	著
文獻計量學導論	何 光 國	著
現代化圖書館管理	李 華 偉	著
	景 懿 頻	
圖書館與當代資訊科技	李 燦 傳	著
	楊 宗 英	
圖書館學理論基礎	何 光 國	著

教育叢書書目

西洋教育思想史	林玉体	臺灣師大	已出版
西洋教育史	林玉体	臺灣師大	撰稿中
教育社會學	宋明順	臺灣師大	撰稿中
課程發展	梁恒正	臺灣師大	撰稿中
教育哲學	楊深坑	臺灣師大	撰稿中
電腦補助教學	邱貴發	臺灣師大	撰稿中
教材教法	張新仁	高雄師大	撰稿中
教育評鑑	秦夢群	政治大學	撰稿中
高等教育	陳舜芬	臺灣大學	撰稿中

中國現代史叢書書目 （張玉法主編）

中國托派史	唐寶林	著	中國社科院
學潮與戰後中國政治(1945～1949)	廖風德	著	政治大學
商會與中國早期現代化	虞和平	著	中國社科院
歷史地理學與現代中國史學	彭明輝	著	政治大學
西安事變新探 ── 張學良與中共關係之研究	楊奎松	著	中國社科院
抗戰史論	蔣永敬	著	政治大學
漢語與中國新文化啟蒙	周光慶 劉 瑋	著	華中師大
美國與中國政治(1917～1928) ── 以南北分裂政局為中心的探討	吳翎君	著	中央研究院
抗戰初期的遠東國際關係	王建朗	著	中國社科院
從接收到淪陷 ── 戰後平津地區接收工作之檢討	林桶法	著	輔仁大學
中共與莫斯科的關係(1920～1960)	楊奎松	著	中國社科院
近代中國銀行與企業的關係 (1897～1945)	李一翔	著	上海社科院
蔣介石與希特勒 ── 民國時期的中德關係	馬振犢 戚如高	著	中國第二歷 史檔案館
北京政府與國際聯盟 (1919～1928)	唐啟華	著	中興大學
近代中國民主政治發展史	張玉法	著	中央研究院

三民大專用書書目——教育

書名	著者		機關職稱
教育概論	張鈿富	著	政治大學
教育哲學	賈馥茗	著	臺灣師範大學
教育哲學	葉學志	著	彰化師範大學
教育原理	賈馥茗	著	臺灣師範大學
教育計畫	林文達	著	政治大學
普通教學法	方炳林	著	臺灣師範大學
各國教育制度	雷國鼎	著	臺灣師範大學
清末留學教育	瞿立鶴	著	
教育心理學（增訂版）	溫世頌	著	傑克遜州立大學
教育心理學	胡秉正	著	政治大學
教育社會學	陳奎憙	著	臺灣師範大學
教育行政學	林文達	著	政治大學
教育經濟學	蓋浙生	著	臺灣師範大學
教育經濟學	林文達	著	政治大學
教育財政學	林文達	著	政治大學
工業教育學	袁立錕	著	彰化師範大學
技術職業教育行政與視導	張天津	著	臺北科技大學
技職教育測量與評鑑	李大偉	著	臺灣師範大學
高科技與技職教育	楊啟棟	著	臺灣師範大學
工業職業技術教育	陳昭雄	著	臺灣師範大學
技術職業教育教學法	陳昭雄	著	臺灣師範大學
技術職業教育辭典	楊朝祥	編著	前教育部部長
技術職業教育理論與實務	楊朝祥	著	前教育部部長
工業安全衛生	羅文基	著	高雄市教育局局長
人力發展理論與實施	彭台臨	著	臺灣師範大學
職業教育師資培育	周談輝	著	臺灣師範大學
家庭教育	張振宇	著	淡江大學
教育與人生	李建興	著	臺北總統府
教育即奉獻	劉真	著	總統府國策顧問
人文教育十二講	陳立夫	等著	總統府資政
當代教育思潮	徐南號	著	臺灣大學
心理與教育統計學	余民寧	著	政治大學
教育理念與教育問題	李錫津	著	臺北市政府
比較國民教育	雷國鼎	著	臺灣師範大學

書名	作者	機構
中等教育	司琦 著	前政治大學
中國教育史	胡美琦 著	文化大學
中國現代教育史	鄭世興 著	臺灣師大
中國大學教育發展史	伍振鷟 著	臺灣師大
中國職業教育發展史	周談輝 著	臺灣師大
社會教育新論	李建興 著	臺北大學
中國社會教育發展史	李建興 著	臺北大學
中國國民教育發展史	司琦 著	前政治大學
中國體育發展史	吳文忠 著	臺灣師大
中小學人文及社會學科教育目標研究總報告	教育部人文及社會學科教育指導委員會 主編	
中小學人文學科教育目標研究報告	教育部人文及社會學科教育指導委員會 主編	
中小學社會學科教育目標研究報告	教育部人文及社會學科教育指導委員會 主編	
教育專題研究　第一輯	教育部人文及社會學科教育指導委員會 主編	
教育專題研究　第二輯	教育部人文及社會學科教育指導委員會 主編	
教育專題研究　第三輯	教育部人文及社會學科教育指導委員會 主編	
選文研究——中小學國語文選文之評價與定位問題	教育部人文及社會學科教育指導委員會 主編	
英國小學社會科課程之分析	張玉成 著	教育部人指會
	教育部人文及社會學科教育指導委員會 主編	
如何寫學術論文	宋楚瑜 著	
論文寫作研究（增訂版）	段家鋒、孫正豐、張世賢 主編	政治大學
美育與文化	黃昆輝 等 編著	臺灣師範大學
師生關係與班級經營	陳奎憙、王淑俐、單文經、黃德祥 編著	臺北師範學院、臺灣師大、彰化師大
輔導原理與實務	劉焜輝 主編	文化大學
教育理念的改造與重建	李錫津 著	臺北市政府

三民大專用書書目——新聞

三民大專用書書目——社會